PMONEY

GANHANDO DINHEIRO COM PROJETOS ATRAVÉS DO PMO

EDUARDO MILITÃO ELIAS
COM KARLA LIMA

PMONEY

GANHANDO DINHEIRO COM PROJETOS ATRAVÉS DO PMO

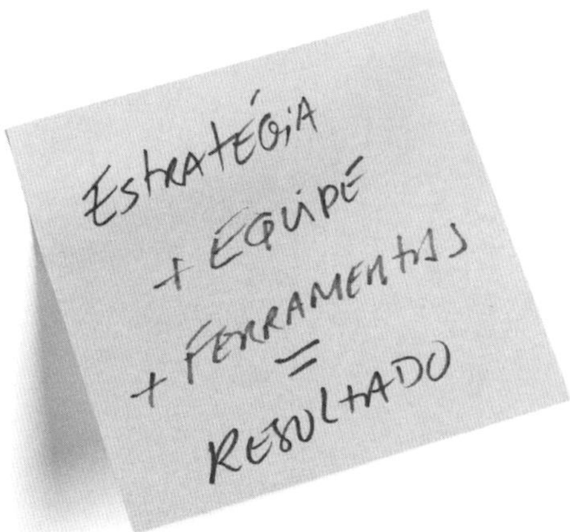

1ª edição

Indaiatuba
Edição do autor
2019

DEDICO ESTE LIVRO A DEUS,
QUE ME ABENÇOA E ME ACOMPANHA TODOS OS DIAS

sumário

APRESENTAÇÃO

EQUIPE IBEN

ELABORADA PELOS
COLABORADORES A CONVITE
DO CEO E AUTOR

Esta obra traz relatos pessoais da trajetória de luta para a formação de uma empresa autêntica e respeitada pela comunidade empresarial por entregar soluções inovadoras de gestão de projetos de engenharia através do investimento no indivíduo e na formação do espírito de responsabilidade coletiva.

Nas empreitadas militares, os soldados não raramente possuem um entrosamento invejável com suas lideranças, preocupam-se realmente com o plano estratégico e suas consequências, compartilham preocupações e interesses e se preparam exaustivamente para dar o seu melhor no campo de batalha, acreditando ser capazes de fazer a diferença no resultado de uma guerra.

O caminho escolhido pela Iben Engenharia foi o de remeter aos primórdios militares, de testar e implementar da mesma forma um ambiente de trabalho no qual interesses, ameaças e valores pudessem ser fortemente incorporados por pessoas que se sentissem motivadas e inspiradas a dar o melhor de si, sempre agindo com a coesão dos melhores pelotões de guerra.

O texto a seguir foi desenvolvido em livre colaboração com os nossos soldados.

Trabalhar na Iben não é pertencer a uma grande família

Muitos chefes à moda antiga, tão antigos que ainda se dizem "chefes", sentem orgulho em afirmar que os funcionários são como membros da família. Para nós, isso é estranho. Porque funcionários executam funções, e nós buscamos objetivos. E porque parentesco é vínculo fixo, e nossas relações profissionais têm inúmeras possibilidades.

Possibilidades que se concretizam todos os dias graças a uma combinação de fatores. Primeiro, temos um espírito de corpo muito forte: todo mundo sabe o que é esperado de cada um, todo mundo é informado das regras do jogo, todo mundo é cobrado com o mesmo rigor, todo mundo pode ser premiado pela contribuição extra que dá ao negócio. Tão importante quanto tudo isso, ou talvez até mais, é que aqui todo mundo pode questionar. Embasando sua discordância, você vai receber tempo, atenção e consideração dos que tomam e implantam as decisões finais. As divisórias do mobiliário nunca nos dividiram enquanto equipe.

O próprio fato de nós, os colaboradores, escrevermos a Apresentação do livro do CEO é uma evidência do espírito da empresa. Na Iben, a ideia de corresponsabilidade não é só uma ideia.

Outro fator que permite a realização das nossas potencialidades é que recebemos muito estímulo para o aprimoramento constante. Faça por merecer, e a empresa vai te ajudar nos estudos, nos treinamentos e na obtenção de certificações; mostre como sua proposta combina com o norte empresarial, e você pode receber apoio até para ações voluntárias no terceiro setor.

Quando esta Apresentação começou a ser redigida, a primeira coisa que saltou à vista foi a escassez de eus. A percepção é individual, mas a verbalização foi em termos plurais: "O que nós oferecemos, aqui, é inteligência com ética"; "Nós aplicamos boas práticas reconhecidas e validadas no mundo todo"; "A gente tem profissionais capacitados para os desafios diários dos projetos"; "Em outras empresas, as respostas não eram tão ágeis, mas na Iben tem ferramentas visuais, indicadores práticos"; "Aqui, existe essa busca constante pela melhoria dos processos, e qualquer um pode contribuir"; "A hierarquia é totalmente próxima e engajada e é dada total autonomia pra nós, mas com acompanhamento de perto"; "Estamos sempre melhorando o trabalho conjunto dos departamentos, e com isso todos ficam mais preparados e mais envolvidos com o problema e com a solução"; "A gente tem essa busca pela excelência no trabalho e tem as ferramentas pra conseguir, as tarefas são lançadas e dá pra ver com clareza todas as metas e não deixar o controle a cargo de apenas uma pessoa".

Os pontos coincidentes nessas análises não quer dizer que todos nós temos a mesma opinião, porque somos muitos e nem seria natural se tivéssemos uma voz única. A gente se sente mais como um coro: tem o regente que conduz, mas a força está na harmonia coletiva do empenho individual.

Um executivo do departamento Comercial apontou a experiência de mercado da Iben e o uso de plataformas e software como diferencial para os leads. Uma executiva da mesma área enxerga outros pontos positivos, e opinou que a empresa tem sucesso porque entrega aos clientes inovação, eficiência, compromisso e tecnologia. Na área de TI, um colaborador reconheceu o investimento que a empresa faz em inovação e a preocupação de sempre nos manter atualizados. Para um colega da Contabilidade, é a integridade que faz a diferença, e o bom desempenho se explica pela previsibilidade de oportunidades e riscos que nós oferecemos. Um estagiário que há pouco tempo se juntou ao setor de Projetos enalteceu a dinâmica da equipe e a facilidade de acesso a metodologias, e chamou de "grandiosas" as possibilidades de aprendizagem. Outra colega nossa, esta do Financeiro, afirmou que a equipe trabalha motivada e que por isso é capaz de alcançar metas mais difíceis, e que o sucesso da empresa vem de dentro para fora, porque pessoal envolvido e motivado surpreende positivamente os clientes.

Uma colaboradora do TI elogiou o gerenciamento presencial nas obras, uma da Arquitetura reconheceu a inspiração que vem de se ter uma liderança que está sempre estudando, outra se admirou com o planejamento que viu no canteiro de obras e com a redução de perdas que essa organização permite.

Um colega do Planejamento contribuiu citando explicitamente a importância dos valores compartilhados; outro, da Engenharia, comentou o sentido de união que vem do fato de que um possível problema não é de um colaborador isolado e sim de todos, e um terceiro valorizou, antes de tudo, o monitoramento e o controle dos números dos projetos e o modo como a "fotografia do futuro" permite acompanhar o avanço físico e financeiro, os recursos humanos, contratações e compras e a documentação dos riscos, impedimentos e oportunidades.

Os que começaram na empresa há mais tempo são testemunhas do longo caminho que a liderança percorreu desde os primórdios até o profissionalismo que temos hoje. Toda vez que um novato é contratado, se espanta ao aprender que os valores que norteiam nossa postura foram definidos por nós mesmos, os colaboradores. Veteranos e calouros vivemos todos os dias o amadurecimento dos processos, as práticas de meritocracia, a proximidade cada vez maior com os clientes.

Tudo são flores? Não! Cometemos erros, somos pressionados, sofremos quando algo que poderia ter sido ótimo foi apenas bom. Ao mesmo tempo, nos alimentamos dessa insatisfação, e voltamos ao batente na manhã seguinte com apetite dobrado para a conquista do sucesso total. A perfeição talvez não seja atingível, mas é o norte da nossa bússola.

Se isso está parecendo muito autoelogioso, convidamos os leitores a comprovar nas próximas páginas as nossas razões para sentir tanto orgulho.

Trabalhar na Iben é ajudar a construir, todos os dias, uma grande empresa.

As guerras são tristes, trazem angústia, sofrimento e uma série de outros males irreparáveis para a população. O contexto de uma guerra, porém, é riquíssimo para a análise de equipes de alto desempenho. Em nenhuma outra circunstância as pessoas ficam tão de acordo em relação a seus medos, interesses e questões de honra quanto no momento em que estão lutando lado a lado. Trabalhamos para replantar esses sentimentos no nosso ambiente corporativo em busca de proteção contra ameaças, de conquista dos nossos interesses e de fortalecimento dos valores empresariais. Ainda temos muito trabalho a fazer, e sempre teremos. No mundo dos negócios, somos pegos de surpresa quase todos os dias, e ainda assim precisamos ter um plano vivo para perseguir os objetivos e perseverar. Se eliminarmos da guerra a violência física e psíquica, e nos concentrarmos em sua dinâmica e imprevisibilidade, veremos que o mundo empresarial nunca foi tão semelhante ao militar como é hoje.

PREFÁCIO

GENERAL NEIVA

CHEFE DO ESCRITÓRIO
DE PROJETOS DO
EXÉRCITO BRASILEIRO

"Acreditamos no Brasil e pretendemos com este livro aproximar mais pessoas da cultura de empreendedorismo sustentável e bem-sucedido." Uma frase que resume todo um conceito. Um autor que se vale de sua experiência de empresário vencedor para, aliando-se a uma base teórica simples e objetiva, desenvolver uma proposta que vale para qualquer homem ou mulher que queira fazer a diferença com o seu trabalho.

Aparentemente, um livro intitulado PMONEY trataria do sucesso financeiro nos negócios. É claro que trata disso! Mas é um título enganoso: ele abrange questões muito mais amplas do que o aspecto financeiro. Trata de gestão de uma maneira ampla, desde o ponto de vista estratégico até o ambiente tático, sem, contudo, se embrenhar por meandros técnicos. É, antes de tudo, uma proposta de aplicação de conceitos modernos, especialmente baseada na gestão de projetos, a um ambiente cada vez mais complexo.

Eu costumo dizer que ser gestor no Brasil exige uma grande habilidade de tradução. É comum ver autores e agentes diversos tentando aplicar aqui, literalmente, os preceitos da melhor técnica global em gestão. E é usual me deparar com questões como: "Por que não aplicar a norma norte-americana X ou Y para gerir os seus projetos?". Muitas vezes, a resposta está na própria pergunta: a norma é norte-americana; é excelente para as condições daquele país, mas não foi pensada, na maioria dos casos, para a nossa realidade. Não é desvalorizar o trabalho intelectual e prático na elaboração dos melhores modelos de gestão, muito pelo contrário. Mas há que se traduzir para o "português do Brasil" essas normas e esses conceitos. Adaptá-los às nossas condições de mercado, ao nosso ambiente de negócios e à nossa cultura.

Esta é a grande virtude deste livro: de maneira objetiva, valendo-se de conceitos teóricos globais robustos, mas adaptados à prática de sucesso do autor, apresenta uma filosofia de negócios voltada para a nossa realidade. Trata de questões sofisticadas, como o planejamento estratégico, técnicas de gestão e liderança, com linguagem simples e direta (portanto, bastante alinhada à nossa forma de ser).

Muitos conceitos do mundo dos negócios têm origem em um ambiente militar. Estratégia, logística, tática são termos forjados no combate. O desenvolvimento da capacidade de gestão de alto nível, sem dúvida, levou os homens de negócio a estudarem e adaptarem a ciência militar à gestão empresarial. A luta por fatias de mercado capturou ideias como ofensiva, defensiva e guerrilha, dentre outras. Eduardo Militão trilha este caminho.

Ao focar em resultados (que, no ambiente militar, seriam os objetivos políticos da guerra), vale-se de um triângulo conceitual, cujos vértices são a estratégia, a liderança e as armas (ou, em outras palavras, as técnicas de gestão de projetos). Quando trata de estratégia, foca na definição de objetivos e na sua comunicação aos colaboradores, de modo a alinhar planejamentos e percepções. Todo plano de campanha militar traz estes aspectos muito claros: qual a missão? Como o comandante pretende cumpri-la? Qual a sua intenção para o desenvolvimento das ações táticas? Ou seja, é preciso analisar criteriosamente o que se tem que realizar, a finalidade última das ações, para que sejam traçados caminhos para alcançar os objetivos pretendidos. Um erro nessa análise pode ser catastrófico! E não basta um estudo cuidadoso e competente: há que se disseminá-lo para que todo o time o compreenda. Mais do que o simples conhecimento, a compreensão da intenção do comandante é fundamental para gerar posturas engajadas e proativas. Qualquer planejamento, por mais minucioso que seja, não resiste ao primeiro minuto do combate. E, valendo-me de figuras empregadas pelo autor em diversas passagens de seu livro, é preciso que os capitães compreendam profundamente as intenções do general para que, nas suas esferas de atribuição, tenham flexibilidade suficiente para fazer face às mudanças inevitáveis da conjuntura e se ajustem rapidamente para alcançar os fins pretendidos.

Quando fala no uso de armas para a gestão, o autor trata das habilidades técnicas para o gerenciamento dos projetos. Talvez o capítulo mais técnico do livro, "Ferramentas" trata de tecnologias e métodos voltados para o atingimento de resultados e as armas que a vasta experiência empresarial de Militão sugere serem empregadas. Não basta saber o que fazer (ter um bom planejamento estratégico); há que se colocar energia e conhecimento para executar o pretendido. Aqui, o autor é como o tradutor para o "português do Brasil" a que me referi nos meus parágrafos iniciais. Ele adapta a abordagem metodológica do PMBoK ao ambiente empresarial brasileiro.

Neste aspecto, o autor sugere enfaticamente que o gestor deve prever e empregar uma abordagem metodológica cada vez mais ágil. Novamente, isto me remete a um conceito operacional militar clássico, o chamado Ciclo de Boyd, ou Ciclo OODA. Não me cabe, aqui, discorrer sobre este conceito, mas há claras similaridades entre a abordagem de Militão e as ideias do piloto norte-americano John Boyd, que, em última análise, propunha que o ciclo de tomada de decisões e sua implementação, se for realizado de maneira mais rápida que os adversários, garantiria não somente a sobrevivência no combate (Boyd, no caso, estudava o combate aéreo nos anos da Guerra Fria), mas acabaria por levar à vitória pela imobilização da capacidade adversária de reagir. Agilidade torna-se, assim, fundamental. Nas campanhas militares e no mundo empresarial, observar a conjuntura, organizar o conhecimento, decidir com presteza e competência e agir com prontidão e energia são atividades fundamentais para a vitória.

O terceiro vértice do triângulo de Militão me é extremamente caro: a Liderança. Liderar é engajar, é repartir o conhecimento, é motivar, é estimular, é reconhecer o esforço, é gerar orgulho de fazer parte do time, é dividir o sucesso, é compartilhar a vitória. Liderar, na plena acepção do conceito, é complexo. Exige empatia, atenção às relações interpessoais, cuidado com os integrantes do time, estímulo ao desenvolvimento pessoal e coletivo. O autor enfatiza a importância da visão, descrita por ele como o conceito de "o que fazer". Um desafio, sem dúvida, elaborar e redigir uma declaração de visão que seja desafiadora, contagiante, mas que não perca o contato com a realidade. No entanto, neste capítulo, o autor trata de um tema que é a grande base para todo esse triângulo: os valores. Sem valores e princípios nítidos, claros, conhecidos e disseminados por toda a organização, todo o resto do triângulo, inevitavelmente, ruirá. São conhecidos os casos de grandes empresas que, sem valores sólidos, destruíram toda uma trajetória de aparente sucesso nos negócios. Responsabilidade, transparência, ética profissional, respeito, estímulo à evolução pessoal e profissional dos seus integrantes, meritocracia, comprometimento e confiança são alguns desses valores que Militão destaca em seu livro. Cada vez mais, no mundo atual, a gestão baseada em valores é fundamental. Sem ela, não se alcança o verdadeiro sucesso.

Nem sempre os conceitos da ciência militar podem ser adaptados literalmente ao mundo empresarial. Há pontos nítidos de contato, mas não são áreas totalmente coincidentes. Confesso que, ao ser convidado a redigir este prefácio, pensei se seria a pessoa mais adequada para escrevê-lo. Afinal, toda a minha experiência profissional foi baseada em um ambiente muito específico: o Exército Brasileiro. Não sou um homem de negócios, um empresário. No entanto, ao me deparar com o texto, constatei que as suas ideias são globais: não se restringem à técnica de "ganhar dinheiro com projetos", como o subtítulo engenhosamente propõe. Na verdade, este é um livro sobre gestão baseada em valores para o ambiente operacional brasileiro. É um livro que trata de sustentabilidade, inovação, melhoria do ambiente gerencial. E que fala, sem dúvida, de ferramentas e caminhos para o aumento da qualidade do desempenho nos negócios.

Os grandes capitães da história souberam adaptar-se, ajustar o conhecimento e as melhores técnicas às situações que enfrentavam; não foram dogmáticos; lidaram com a adversidade e aprenderam com os erros; não faziam perguntas se não quisessem respostas; buscaram sempre a ação, em detrimento da estagnação; lideraram; e fizeram o seu melhor, mesmo nas derrotas. Este é um livro para estimular os capitães. É um livro para quem quer fazer a diferença.

BRASÍLIA, 17 DE MAIO DE 2019.

GENERAL DE DIVISÃO IVAN FERREIRA NEIVA FILHO
CHEFE DO ESCRITÓRIO DE PROJETOS DO EXÉRCITO

Introdução

Entre as muitas coisas boas que existem em empreender está poder ser remunerado na medida do sucesso alcançado, porém, como a linha mais incerta de um estudo de viabilidade é precisamente a que justifica o risco do empreendedor, o lucro às vezes é bem modesto e, sem constrangimento, quero começar dizendo que ganhar dinheiro com projetos é não apenas necessário como motivador. Eu me considero um empresário bem-sucedido e não empreendo somente por amor: trabalho para remunerar o acionista e já experimentei os dissabores de quando isso não ocorre. Poderia contar uma história de aprendizado e superação, mas prefiro poupar meu leitor dessa conversa e reforçar que, a não ser que estejamos falando de *start-ups* ou projetos de inovação, perder dinheiro antes para ganhar de volta depois não é a melhor situação. Em minha vida profissional, tenho estado constantemente envolvido em projetos da iniciativa privada nos quais é comum o uso das expressões "este projeto faz sentido" e "este projeto não faz sentido". O projeto faz sentido quando a hipótese de viabilidade proposta remunera o investidor. Goste ou não, leitor, se você não é o empreendedor do seu próprio projeto, alguém está fazendo a conta de quanto dinheiro vai ganhar com o projeto em que você está envolvido neste momento, e é graças a esta pessoa que você tem trabalho e que se tornam viáveis muitas outras possibilidades de benefícios sociais que os projetos são capazes de entregar. Quem arriscou capital, gerou empregos e criou oportunidades espera, merece e precisa ser remunerado por isso.

Empresas são formadas por pessoas e por isso elas e nós compartilhamos muitas características. Não é por acaso que organizações e indivíduos se pautam por certas normas éticas, têm pontos de vulnerabilidade e possuem interesses econômicos, e não há por que se constranger diante destas verdades nuas: ter dinheiro é bom, ter mais dinheiro é ainda melhor. O desafio de corporações e seres humanos é estabelecer uma sistemática para conduzir projetos que conquistem os interesses econômicos e os objetivos estratégicos, mas sem buscar tirar proveito de tudo, sem se perder por ganância e sem transgredir valores morais.

O Project Management Officer focado em resultado econômico e estratégico, que conduz pessoas e processos com o objetivo não apenas de gerar lucro para a empresa, mas também de perpetuá-la no mercado engrandecendo sua marca, é o que chamaremos a partir daqui de PMONEY. O profissional engajado na filosofia do PMONEY não é a Sra. ou o Sr. Gerente de Projetos, mas a Mrs. ou o Mr. Project Money. Essas duas transformações são o assunto deste livro, que tem por premissa apresentar uma combinação única e prática de gestão de projetos, que mistura filosofia de negócio, conceito de mudança organizacional e tecnologias disruptivas que irão ajudá-lo a encontrar os potes de ouro e se orgulhar disso, além de abordar a questão do legado institucional. Os que estão em posição de comando verão ao longo das próximas páginas como, com projetos, obter o melhor de seus comandados e transformar resultados ótimos em resultados extraordinários. Quem ainda não ascendeu ao topo da hierarquia vai encontrar um caminho para chegar lá, evoluindo de um bom gerente de projetos, que cumpre prazo, custo e qualidade e entrega sucesso operacional, para um gerente de projetos engajado, de alto desempenho, que entrega sucesso estratégico, vale o que custa e enriquece junto com o dono.

Não há como falar em PMONEY sem pensarmos em estratégia, um conceito de origem militar baseado nos três fatores pincelados acima: interesses, medos e valores morais. Seja na vida dos indivíduos, na trajetória corporativa ou na história das civilizações, um projeto nasce para solucionar essa tripla inquietação humana: explorar uma oportunidade, afastar uma ameaça e fortalecer a honra.

Oportunidade pode ser entendida como ganho financeiro e outros benefícios; ameaça diz respeito aos riscos econômicos e outros eventos indesejáveis; honra é o que estabelece o limite ético na busca pelo dinheiro, é o que leva você e sua empresa a trabalharem a favor de algo que seja fiel aos valores organizacionais e com potencial de deixar um legado positivo.

A missão é trabalhar a favor dos interesses, contra as ameaças e pautado pela honra, porém, naturalmente, nem todo projeto tem o mesmo grau de interesse ou de ameaça: todos serão regulados pelos valores empresariais, mas alguns, por exemplo, vão ser fundamentalmente ligados à oportunidade de se faturar mais, enquanto outros vão buscar a precaução contra o risco de se faturar menos. Este é o equilíbrio que nos ajuda a falar livremente sobre interesses e ameaças econômicos: ponderados por valores morais, nós imprimimos esforços para atingir o maior resultado econômico e financeiro possível.

Se uma empresa tem uma equipe famosa pelo talento, dá início a um projeto de retenção, para que seus melhores cérebros não migrem para o concorrente; quando um antigo reino de solo árido almejava as terras férteis que ficavam além de suas fronteiras, desenhava um projeto para invadir o território vizinho. Em comum a inspirar esses empreendedores estão um punhado de interesses, algumas ameaças que perturbam o sono e uma ou outra questão de honra que precisa ser reafirmada ou resolvida. Perceba como não somos muito diferentes, enquanto pessoas: ao nos percebermos reféns de uma questão moral, buscamos resolvê-la elaborando... Sim, um projeto! Fazemos projetos e modificamos nossas vidas movidos por questões similares às das empresas e nações, que remetem a interesses e medos, com a honra modulando a forma como perseguimos tudo isso.

Esses breves exemplos demonstram que projetos são componentes que trabalham com o objetivo de cumprir uma estratégia ligada a interesses, medo e honra. Ou, dito de outra maneira: projetos nascem de inquietações e sua missão é transformar, rompendo a inércia das situações, criando uma condição nova, obtendo um resultado ou entregando um produto único que seja relacionado à busca de objetivos, mitigação de riscos e preservação de princípios morais. A essência do PMONEY é sustentar esse equilíbrio e fazer com que o projeto faça sentido, muito sentido – se possível, até mais sentido do que fazia quando foi autorizado!

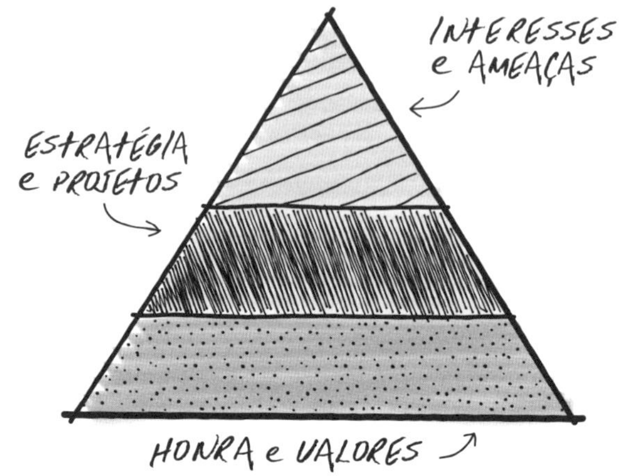

Em projetos, fazer sentido depende não apenas do benefício gerado, mas, acima de tudo, do esforço empregado em sua realização, em comparação com o benefício obtido.

O esforço de um projeto pode ser representado pelo uso de capital, por recursos organizacionais e tempo; já o benefício é o resultado econômico e outros interesses relacionados, além da mitigação de ameaças ou respeito à honra. Os parâmetros "esforço" e "benefício" determinam a categoria do sucesso: um projeto alcança sucesso operacional quando recebe a dose ideal de esforço. Um projeto alcança sucesso estratégico – portanto, faz sentido – quando recebe a dose ideal de esforço e gera o benefício desejado.

Logo se vê que conquistar o sucesso operacional não significa necessariamente obter sucesso estratégico: um projeto com uma gestão primorosa do ponto de vista operacional pode não ter realizado os objetivos estratégicos, e o inverso também é verdadeiro, já que é possível obter um resultado brilhante do ponto de vista estratégico, gerando inúmeros benefícios, tendo ao mesmo tempo tornado o projeto inviável pelo custo ou pelo prazo, em razão de uma gestão operacional desastrosa.

Em decorrência disso, podemos afirmar com tranquilidade que o sucesso de um projeto não se limita a um ou a outro, mas se baseia na correlação dos dois parâmetros. O papel do PMONEY é coordenar os processos e as atividades em torno de um projeto de forma a garantir que a relação entre esforço e benefício seja adequada, bem como é nosso compromisso neste livro relatar como foi elaborado e conduzido o processo que, na Iben Engenharia, buscou aproximar as pessoas que se envolvem diariamente na operação e aquelas que determinam as estratégias. Ao dividir a nossa vivência com o leitor, esperamos contribuir para a conexão entre esses mundos, que muitas vezes são mais distintos e afastados do que deveriam.

Daremos destaque à gestão de projetos como propulsora de interesses pessoais contextualizados no ambiente de negócios e em linha com os valores corporativos. Ao apresentar uma metodologia que transcende a tradicional relação entre projetos e geração de benefícios, revelamos como um modelo de liderança que aproxima o interesse das pessoas dos interesses da organização deixa o desafio de se tornar um PMONEY muito mais simples do que você poderia imaginar. Veremos as técnicas e ferramentas de gestão de portfólios e de programas que vão auxiliá-lo a gerenciar a realização dos benefícios por meio dos projetos, e como essas técnicas e ferramentas se combinam para fazer valer a pena empreender projetos e aplicar recursos financeiros em sua realização.

Quanto ao gerenciamento do esforço do projeto, o PMI® e a sexta edição do Guia *PMBoK* trazem novidades incríveis para apoiar o cumprimento de prazo, custo e qualidade. A centralização do escopo e a distinção entre monitoramento e controle, que propus em 2014 no meu livro *Melancia Atômica*, estão agora oficialmente inseridas no *Guia.*

Enquanto as competências técnicas focam no controle do esforço do projeto, o aspecto estratégico se revela por meio da realização de benefícios. O fator humano será amplamente abordado na parte seguinte, na qual convidamos o leitor a provar a receita que nós aplicamos para conquistar o engajamento das pessoas com base na convergência dos interesses delas com os da empresa, e afinidade de valores morais. São dois lados de uma moeda que enriquece os dois lados.

A estratégia de combate estando clara e os soldados, comprometidos, o que falta para vencer a guerra? Armas! Sua equipe precisa de instrumentos para lutar.

Gestão Estratégica de Negócios. Liderança. Técnica em Gestão de Projetos. Ora, esses não são os lados do Triângulo de Talentos do PMI™, lançado em 2015? Exatamente! Esta enorme contribuição científica, de autoria anônima como costumam ser os grandes passos do PMI, merece o agradecimento da comunidade ao gênio que a desenvolveu. Por meio dela, o Instituto mais uma vez presenteou todos nós, documentando e estruturando as melhores práticas de mercado que há algum tempo vêm transformando muitas empresas comuns em organizações vencedoras.

Na Iben Engenharia, o meu irmão Rodrigo e eu, juntamente com todo o nosso time de coempreendedores, seguimos as lições aprendidas de mestres como Kotler e Jim Collins, e nos inspiramos nos ensinamentos de outras organizações de sucesso para vencer. Empreendemos para triunfar em qualquer contexto, sem jamais nos esquecermos do esforço nem do benefício esperados para o projeto; atrelamos nosso desempenho a soluções técnicas e, em especial, às pessoas que formam nossas equipes. Podemos afirmar que temos um PMONEY, que entregamos projetos com foco em benefício, menor esforço e engajados com a missão empresarial, que enriquecemos os sócios, a equipe e a sociedade. Acreditamos no Brasil e pretendemos com este livro aproximar mais pessoas da cultura de empreendedorismo sustentável e bem-sucedido. Como de costume, quero misturar uma dose de conceito teórico com experiências práticas e a atenção aos detalhes que pode significar o sucesso ou o fracasso na implantação de um PMONEY:

1. ESTRATÉGIA. O primeiro elemento do Triângulo de Talentos é uma estratégia de negócios sólida e bem comunicada. Muitas vezes, as pessoas estão envolvidas em projetos sem conhecer os interesses, as preocupações e os valores por trás deles, como nesta história que meu pai me contou há muito tempo: o presidente de uma empresa pediu a um de seus diretores que organizasse um importante almoço. No dia, percebendo que a equipe não tinha providenciado bebidas, o diretor pediu a um gerente de projetos que verificasse se havia laranjas no mercado local. O GP atendeu prontamente e voltou informando que sim, havia laranjas. O diretor agradeceu e repetiu o pedido a outro gerente de projetos de seu time, que também voltou dizendo que sim, havia, porém acrescentando que elas estavam um tanto passadas e mais caras do que o normal, ao passo que os limões estavam suculentos e baratos, e por isso ele sugeria ao diretor que fizessem limonada.

   Vejamos: qual era o objetivo? Que o almoço do presidente corresse bem. O que o diretor queria? Uma bebida que contribuísse para o bom clima da refeição. O que o diretor pediu? Laranja. O que fez o primeiro GP? Entregou o escopo. O que fez o segundo GP? Entendeu a estratégia por trás do pedido, superou a comunicação deficiente do diretor, mitigou os riscos e possivelmente salvou o dia! Sucesso operacional e estratégico juntos, realizados por um profissional engajado! Chamamos isso de um belo exemplo de Mr. Project Money, produto do gerenciamento e uso de práticas de um PMONEY.

Muitos gerentes de projeto têm uma visão extremamente técnica quanto a cumprimento de prazo, custo e qualidade, e não possuem a noção prática, do mundo empresarial, que é a seguinte: um projeto tem sempre algo maior por trás, nunca se trata pura e simplesmente de uma entrega.

Mas como entregar o resultado pretendido pelo *sponsor* quando não se tem conhecimento do que originou aquele projeto? A estratégia deveria ser sempre apresentada ao GP, porém, mesmo que não seja, é possível superar essa falha do comando e chegar aos reais objetivos do patrocinador aplicando uma "terapia de regressão", partindo do termo de abertura e questionando "Por quê?" uma, duas, três, quatro, cinco vezes! Até que o gerente de projeto chegue a interesses, preocupações e valores. Mesmo que ao validar essas respostas com o *sponsor* ele descubra que nem sempre acertou, a própria atitude de raciocinar, de querer saber pelo que está lutando, já vai elevá-lo a outro patamar, e isso jamais passará despercebido aos olhos do patrocinador. Da mesma forma, cabe ao patrocinador validar esses por quês e criar a condição básica para que a equipe persiga seus interesses.

Se o soldado conhece as razões do capitão, luta melhor; se o capitão conhece a intenção do general, comanda melhor; se o general conhece os objetivos do soberano, serve-o melhor. Na guerra e na gestão de projetos, este saber compartilhado permite que cada um dos envolvidos tenha clareza do interesse, do perigo e dos princípios que devem norteá-los. Apenas com esses três fatores em mente é que eles podem aproveitar tudo o que veem e ouvem como subsídio para o sucesso de suas ações presentes e até futuras. Ao manter a estratégia em sigilo, pedindo que se verifique a disponibilidade de laranjas sem explicar o contexto em que elas seriam usadas, o alto comando está sabotando sua equipe e, em última instância, o próprio resultado que almejava obter. Vamos aprofundar esse assunto na primeira parte.

2. LIDERANÇA. Depois de estratégia sólida e bem comunicada, o próximo elemento do Triângulo é a liderança. Para que um projeto obtenha sucesso operacional e estratégico, o engajamento da equipe é imprescindível. Não basta que as pessoas *conheçam a* estratégia, é preciso que elas *se reconheçam na* estratégia.

Quanto mais assertiva for a convergência entre os interesses, receios e valores da pessoa jurídica e das pessoas físicas que trabalham nela, maior será o triunfo conjunto que vão conquistar. Ao conhecer a estratégia que seus colaboradores traçaram para a vida deles, você será capaz de galvanizar os pontos coincidentes e obter o melhor de cada um. Parodiando a ex-primeira-ministra britânica Margareth Thatcher, uma grande empresa é a criação de seus colaboradores, mulheres e homens cujo orgulho de si mesmos é baseado no conhecimento do que podem dar para aquela empresa, da qual, por sua vez, podem se orgulhar. E da qual, naturalmente, esperam receber algo em troca! Pois, se é fato que um colaborador realmente engajado jamais se limita a comprar laranjas, também é verdade que ele vai fatalmente se desengajar, se não receber uma contrapartida equivalente a seu envolvimento.

Quinhentos anos antes de Cristo, o estrategista e filósofo chinês Sun Tzu já alertava os generais: "É preciso saber colher os frutos da vitória. O mais considerável, aquele sem o qual terias perdido teus cuidados e teus sofrimentos, é reconhecer o mérito de todos os que se distinguiram, e recompensá-los conforme suas ações". Na segunda parte, veremos como a mudança organizacional promovida na Iben vem garantindo um envolvimento crescente da equipe em relação à empresa.

3. FERRAMENTAS. O terceiro elemento do Triângulo é a técnica em gestão de projetos, que são as armas com as quais seus combatentes vão lutar, e que se traduzem por metodologias ou competências técnicas. Na última parte, mostraremos o que há de mais atual nesse campo.

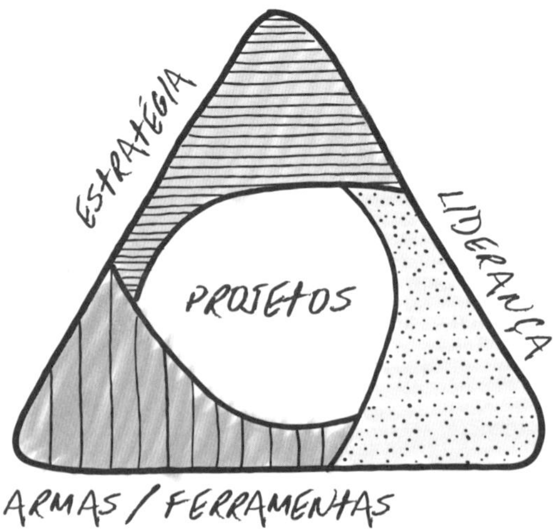

Pessoalmente, acredito estarmos vivendo um momento de prosperidade devido ao grande avanço tecnológico observado nos últimos anos na área de gestão. O armamento pesado está disponível para superarmos os desafios operacionais, bem como para conectarmos os objetivos estratégicos dos negócios e enriquecermos as pessoas, as empresas e a sociedade. Ao mesmo tempo, a velocidade das transformações tem tornado o ambiente corporativo menos previsível e mais competitivo a cada dia, obrigando as empresas e os profissionais a serem mais precisos em cada movimento de mudança.

Para encerrar esta Introdução, gostaria de dividir com o leitor a seguinte reflexão: quando a empresa tem um receio e os colaboradores têm outros, cada parte defende seu interesse levando em conta um conjunto particular de valores; valores diferentes aumentam a distância entre os colaboradores e a organização, e essa distância, por sua vez, intensifica a busca isolada de objetivos segundo os princípios de cada um. Trata-se de um círculo vicioso. O que propomos é um olhar virtuoso sobre o Triângulo de Talentos, no qual liderança bem exercida, equipe engajada e metodologias apropriadas levam à convergência de interesses, à homogeneidade de receios e a um padrão moral semelhante, que se alimentam reciprocamente para a vitória de todos.

Veremos a seguir como tudo isso se desdobra na prática. Ao final, espero que você se sinta mais preparado a empreender desafios maiores ou a escalar novos níveis na sua carreira, com propósito e sem pegar atalhos. Assim é a gestão de projetos que faz sentido!

CAPÍTULO 1

1

GESTÃO ESTRATÉGICA
E
GESTÃO DE NEGÓCIOS

Como dito na Introdução, a humanidade abandona o *status quo* movida por objetivos, ameaças e valores. Não é exagero afirmar que esses três componentes são o combustível da transformação desde os primórdios do homem. Quando, interessada na possibilidade de obter para si uma parte do conhecimento de Deus, Eva deu ouvidos à serpente e comeu o fruto proibido, ela saiu do *status quo* em que vivia. Ao buscar seu interesse sem levar em conta a ameaça envolvida, lançou todos nós para fora do paraíso. Até hoje, cumprimos a sina humana de agir ora para crescer, ora para nos preservar, ora para reafirmar quem somos, buscando em tudo o que fazemos a conquista de interesses, o enfrentamento de medos e a preservação da honra. Se nem mesmo o Criador impediu o ser humano de ser humano e fazer as próprias escolhas, como então aprendemos a liderar ou aceitamos ser liderados uns pelos outros? Convergência de valores, medos e interesses é a resposta. Por trás da fé dos seguidores de Cristo, por exemplo, vejo grande convergência de medos, interesses e valores, que ultrapassa a presença de Jesus na Terra e transcende Sua ausência física. Em nenhuma fé que pesquisei vi diferença nesse aspecto: todo grupo possui um elo de afinidade composto pela tríade de interesses, medos e valores. O que distingue os maiores líderes é a capacidade de gerar transformações que sobrevivem e se perpetuam mesmo quando ele vem a falecer. Isso é deixar um legado.

Não só a história do homem segundo a *Bíblia*, mas também a história das nações segundo a mitologia se apoia nessa trinca. Pensemos em Páris, príncipe de Troia, e seu interesse por Helena, esposa de Menelau, rei de Esparta. Páris rapta Helena e a leva para Troia ou ela também se apaixona por ele e consente na fuga. Seja como for, Helena deixa Esparta e acompanha Páris a Troia, onde se casam e têm quatro filhos. Enquanto isso, Menelau, ferido em sua *honra*, convoca aliados, reúne uma esquadra de mil navios fartamente tripulados e parte no encalço do casal. O marido traído está determinado a resgatar Helena, aniquilar Troia e acabar com a vida, a ascendência e a descendência de Páris; mas já tem idade e não pode conduzir os guerreiros: passa a tarefa a seu irmão Agamenon. Pelo lado de Troia, cabe a Heitor liderar o exército de resistência. Heitor não aprova a atitude de Páris, seu irmão caçula, porém, diante da *ameaça* enfrentada por Troia, reino do pai e, portanto, também seu, aceita a missão e luta contra os homens de Agamenon.

Após dez anos de cerco infrutífero, Esparta afinal vence a guerra. Como? Com estratégia! Um grande cavalo oco recheado de combatentes, uma falsa retirada, um inimigo infiltrado que leva o "presente" para dentro da cidade e por fim uma invasão surpreendente e avassaladora na calada da noite. *Touché*! Troia foi destruída e Menelau resgatou sua honra. Estratégia é o fator diferencial entre projetos que vencem e projetos que fracassam, sejam esses projetos guerras mitológicas motivadas por honra ou a criação de uma empresa com interesse em lucro.

Em 1975, ao fundarem a Microsoft, Bill Gates e Paul Allen provocaram profundas transformações no *status quo* de suas vidas pessoais, da história de países e de outras organizações. Nesses mais de quarenta anos de admirável trajetória, é claro que tiveram receios e tomaram decisões difíceis, mas seus objetivos aparentemente vêm sendo cumpridos, pois a empresa acumula projetos de sucesso e parece longe do fim, enquanto muitas outras, surgidas tanto antes quanto depois da MS, naufragaram ou perderam relevância. Por que alguns projetos são capazes de atingir os interesses que foram criados para cumprir e outros, simplesmente, não? Porque alguns reúnem os requisitos necessários em termos estratégicos, têm técnicas de identificação e combate a ameaças e são conduzidos por critérios alinhados aos valores empresariais. E outros, simplesmente, não.

O grego Ulisses, idealizador do cavalo de madeira repleto de soldados, era um hábil estrategista. Foi dele a ideia de fingir uma retirada, deixar o presente às portas de Troia, esperar que a população festejasse a suposta vitória até cair de sono e álcool, e depois conseguir que os portões fossem abertos por dentro pelos emissários contrabandeados para o interior da muralha. O cavalo de Troia foi um projeto brilhantemente elaborado e executado, que garantiu a reviravolta que parecia impossível, naquela batalha épica pela honra de Menelau. O Windows talvez seja para a Microsoft o equivalente estratégico à artimanha de Ulisses, porém, nos dez anos que separam a fundação da empresa do lançamento de seu produto mais famoso, centenas de outros projetos menos conhecidos triunfaram, trouxeram interesses para dentro do balanço, protegeram a companhia contra ameaças e fortaleceram os valores de Gates, hoje um ilustre filantropo. Não existem atalhos legítimos. Em uma guerra antiga ou no mundo corporativo contemporâneo, estratégia é condição *sine qua non* para o sucesso.

Está claro que desde sempre tivemos honra, interesses e medos. Para equalizar isso foi criada a estratégia. Projetos nada mais são do que os componentes que trabalham com o objetivo de cumprir uma estratégia. Etimologicamente, estratégia é "arte de coordenar a ação das forças militares, políticas, econômicas e morais implicadas na condução de um conflito ou na preparação da defesa de uma nação. É também a parte da arte militar que trata das operações e dos movimentos de um exército até que ele chegue, em condições vantajosas, à presença do inimigo". Como já vimos, as mesmas motivações presentes da definição militar estão presentes nas organizações. A partir daqui, então, começa a se desenhar um PMONEY, que por meio da gestão de projetos vai ajudá-lo a implementar em sua empresa uma cultura de sucesso. A criação de um PMONEY percorre um caminho científico que também passa pela estratégia, que poderia ser assim redefinida: **estratégia é a arte de coordenar ações para obter resultados que conquistem os interesses, afastem medos e ameaças e fortaleçam a honra das empresas.**

Nem todos os caminhos levam a Roma, mas todos os projetos nos levam a algum lugar. Para que este lugar seja aquele que tínhamos em mente quando iniciamos o percurso, o primeiro passo é escolher os projetos certos, que não são os que simplesmente realizam as entregas de seu escopo. Projeto certo é aquele que entrega para a empresa o resultado que vai deslocá-la do *status quo* na direção desejada. Coordenar ações para obter os resultados almejados depende, em primeiro plano, de escolher as ações de forma que sejam alinhadas aos interesses organizacionais e, depois, utilizar práticas para transmitir essa estratégia a quem irá realizar as ações. O uso das melhores práticas de gestão de estratégia ajuda as empresas a definirem as ações mais aderentes aos seus interesses. Algumas dessas práticas merecem um destaque especial e delas ofereceremos uma visão mais aprofundada ao leitor.

1. Definição de objetivos estratégicos;
2. Validação dos objetivos por meio dos cinco por quês;
3. O despertar da estratégia na equipe.

1. Definição de objetivos estratégicos.

Objetivos estratégicos auxiliam as empresas a materializar seus interesses, medos e valores morais por meio de metas concretas. Eles traduzem em algumas palavras o que de fato precisa ser perseguido para produzir o resultado que se está buscando conquistar, preservar ou afirmar. Por exemplo, expandir a territorialidade de vendas de um produto é um objetivo estratégico que pode ajudar a aumentar o faturamento de uma empresa e prevenir riscos de *market share*. A partir desse objetivo estratégico, podemos avaliar quais projetos são capazes de entregar esse resultado com maior benefício. Poderíamos ficar em dúvida entre um projeto de criação de franquias, com o intuito de buscar parceiros na operação de expansão, e um projeto que propõe a terceirização do patrimônio como forma de aumentar a capacidade de expansão com menos investimento.

Novas lojas por meio de franquia ou de aluguel de espaço? Essa escolha pode parecer fácil, mas certamente levará a empresa a caminhos distintos, que podem gerar grandes diferenças de resultado no futuro. Mas veja só, por que estamos querendo tomar essa decisão tão depressa? O que mais podemos considerar, antes de ponderar sobre essas alternativas?

Em primeiro lugar, expandir a territorialidade de vendas de um produto não pode ser o único objetivo estratégico dessa empresa. Além disso, ele não me parece ser um objetivo SMART – Specific, Measurable, Achievable, Realistic, Timely –, ou seja, específico, mensurável, atingível, realista e limitado no tempo. Que tal, então, se ajustássemos? Em 1 ano, expandir a territorialidade de vendas de um produto para toda cidade norte-americana com mais 50 mil habitantes e renda familiar média superior a 4 mil dólares mensais.

Mesmo com o novo objetivo SMART, o leitor ainda pode estar confuso e se perguntando o que é melhor: franquear ou alugar. Vejamos se a inclusão de dois outros objetivos SMART pode contribuir com a decisão: estar um passo à frente da concorrência, oferecendo inovações que aprimorem a experiência de consumo dos clientes, aumentando o *brand equity* em 10% ao ano; e aumentar a margem de lucro de 20% para 27,5%, sem abrir mão de *market share*.

Agora, a escolha entre franquear ou alugar espaços para novas lojas não está mais pautada apenas em expansão, mas também em princípios de inovação e aumento da margem de lucro. Uma matriz simples, semelhante à apresentada no livro *Real Estate 3.0*, pode ajudá-lo a visualizar melhor essas opções:

[1]Ações/Objetivos	Expansão	Inovação	Lucro
Aluguel de novas lojas	80	100	120
Franquias de lojas	150	70	80

Ponderamos então esses objetivos para determinar qual a importância de cada um para os interesses da organização, distribuindo 100 pontos entre os três: 30 + 20 + 50.

Ações/Objetivos	30 Expansão	20 Inovação	50 Lucro
Aluguel de novas lojas	80	100	120
Franquias de lojas	150	70	80

Para finalizar, basta multiplicar a pontuação de cada ação pelo respectivo objetivo, e somar no final:

Aluguel de novas lojas = 80*30 + 100*20 + 120*50 = 10.400
Franquia de lojas = 150*30 + 70*20 + 80*50 = 9.900

[1] Dizer que o aluguel de novas lojas contribui 80% com a expansão significa dizer que essa ação é capaz de atingir 80% do resultado esperado, e assim analogamente para os demais objetivos e ações.

Curiosamente, se invertêssemos a prioridade de objetivos entre expansão e lucro, e considerássemos que ela é mais importante, com 50%, e ele é menos, com 30%, o resultado seria outro:

Aluguel de novas lojas = 80*50 + 100*20 + 120*30 = 9.600
Franquia de lojas = 150*50 + 70*20 + 80*30 = 11.300

Vimos aqui um exemplo simplificado da matriz de priorização de projetos detalhada no *Real Estate 3.0*. Mas esteja sossegado, leitor, que o conteúdo das próximas páginas é inédito, e não uma revisão condensada do meu segundo livro. Conteúdo inédito e, inclusive, bastante pessoal. Peço licença para contar uma história familiar que me inspirou a incluir um processo fundamental na busca pela escolha dos melhores projetos.

2. Os 5 "Por quê?".
Às vezes, os caminhos que nos levam a novas descobertas são muito peculiares. De um lado, existe a pesquisa teórica e o saber solidamente embasado; de outro, está o infatigável questionamento das crianças.

Minha filha querida, Cecília, é uma menina incrível e com uma inteligência surpreendentemente acima da média de sua idade, além de bonita, perfeitamente adorável e, como toda criança, muito questionadora. Com ela desenvolvi a brincadeira dos cinco por quês (5PQ), para que juntos nos aprofundássemos em suas histórias e para que eu pudesse conhecer um pouco mais do que estava dentro daquele coração jovem e muitas vezes confuso em sua interpretação do mundo. Confesso ainda meu terceiro interesse: fazer com que durante nossas viagens de carro o tempo passasse mais depressa.

Tudo começou com uma amiga da escola que vinha agindo de forma estranha com a Cecília. Juntos, ela e eu procuramos entender as razões daquela atitude, questionando "Por quê?". Após cinco rodadas de perguntas e respostas, chegamos ao porquê real. O diálogo se deu mais ou menos assim:
Filha: Ela está diferente.
Pai: Por quê?
Filha: Ela fica me chateando.
Pai: Por quê?
Filha: Porque sempre que brinco com outra amiga ela me segura pelo braço.

Pai: Por quê?
Filha: Porque ela não quer que eu brinque com mais ninguém além dela.
Pai: Por quê?
Filha: Porque ela não quer que eu faça outras amigas.
Pai: Por quê?
Filha: Porque ela tem medo que eu não seja mais amiga dela!

Bingo! Chegamos a uma questão de medo ligada àquele comportamento. Repetimos a brincadeira diversas vezes, usando como matéria-prima uma variedade de assuntos, até que eu me dei conta de que esse era um ótimo exercício prático para oxigenar as ideias e validar a aderência de projetos com a estratégia empresarial.

Qual não foi minha surpresa quando, poucas semanas mais tarde, li A *startup enxuta*, e aprendi que esse questionamento é parte de um método investigativo formal, criado por Taiichi Ohno, o "pai do Sistema de Produção Toyota"! Diante dessa dupla prova de que o recurso funciona, decidi aplicá-lo na busca por novas alternativas. Às vezes, sem perceber, nós nos limitamos a repetir processos que já não são satisfatórios, não cumprem seu objetivo. Agarrados a procedimentos como se fossem talismãs, deixamos de enxergar possibilidades que talvez não estivessem disponíveis na matriz inicial de seleção de projetos, e que poderiam trazer contribuições ainda mais efetivas para os objetivos estratégicos. Voltemos à nossa decisão de cumprir os objetivos da empresa por meio do aluguel de novas lojas ou pela abertura de franquias. Como os 5PQ podem ajudar a validar essa ideia? E como podemos verificar se existem outros projetos, ainda não considerados, que poderiam ser incluídos na matriz, antes de chegarmos à conclusão?

Alugar espaço para abrir novas lojas – por quê?

1. Porque assim seria possível expandir sem abrir mão da operação.
2. Porque, mantendo a operação sob nosso domínio, os processos junto aos clientes ficam mais controlados.
3. Porque, em decorrência disso, é mais provável que os clientes sejam fidelizados.
4. Porque, apesar do custo do aluguel, não haveria investimento.
5. Porque não seria preciso dividir os resultados com o franqueado.

Para mim, parece que, ao ser submetida a essa quíntupla regressão, essa primeira ideia fez bastante sentido. Vejamos como a segunda alternativa se comporta diante do questionamento:

Estabelecer parcerias com franqueados – por quê?

1. Porque o investimento de terceiros permitiria a ampliação do negócio sem que precisássemos mexer em recursos próprios.
2. Porque o custo operacional seria baixo.
3. Porque assim teríamos mais recursos para investir em inovação.
4. Porque a inovação permitiria aprimorar o processo de fidelização dos clientes.
5. Porque tendo clientes fidelizados poderíamos buscar margens maiores.

Ora, parece-me que essa hipótese também se saiu muito bem! É incrível como os 5PQ têm o potencial de defender pontos de vista diferentes, e de nos ajudar a encontrar alternativas às respostas que não aparecem originalmente na matriz, como veremos adiante. Gosto de propor ao pai da ideia que apresente os porquês para defendê-la. Por meio da visão do criador, avaliada de acordo com os valores da empresa, entendemos qual a estratégia procurada com determinada ação. O procedimento oposto também é útil. Podemos pedir a alguém contrário ao projeto que responda cinco vezes ao questionamento "Por que não?", e assim teremos uma lista de motivos pelos quais ele não acredita na ideia.

Alugar espaço para abrir novas lojas – por que *não*?

1. Porque tornaria a expansão mais lenta.
2. Porque aumentaria significativamente os custos fixos.
3. Porque não conhecemos em profundidade as praças que nos interessam.
4. Porque o cenário econômico é instável e o risco seria todo nosso.
5. Porque buscamos inovação, mas abrir novas lojas próprias seria fazer "mais do mesmo".

Estabelecer parcerias com franqueados – por que *não*?

1. Porque teríamos pouco controle sobre a operação.
2. Porque isso pode danificar nossa imagem.
3. Porque uma imagem arranhada afasta os clientes, compromete o faturamento e ameaça a própria sobrevivência da empresa.
4. Porque precisaríamos alocar pessoal próprio para dar apoio ao franqueado

quanto a planejamento, escolha de local, treinamento etc.

5. Porque estaríamos realizando uma transferência de know-how que nos custou tempo e dinheiro para construir.

Esse exercício destaca os prós e contras de cada opção inicial, mas sua principal vantagem não está nas respostas que gera e sim nas novas perguntas que levanta, conforme adiantei acima. Será que existiria um projeto capaz de angariar mais "porque sim" e menos "porque não"? Que tal incluir uma terceira possibilidade, como, por exemplo, comprar um concorrente? Isso poderia aumentar a penetração geográfica (expansão territorial), agregar elementos modernizadores (inovação) e diminuir o risco de perda de participação (*market share*).

Qualquer opção incorporada à matriz estará sujeita a prós e contras, é claro, mas o fato novo é que a inclusão de uma hipótese inédita pode mudar o futuro da empresa. Mesmo que se decida pela primeira opção considerada, sempre vale a pena vasculhar, abrir-se para novas alternativas. A experiência de passar pelos 5PQ e 5PQN acende pequenas lâmpadas de possibilidades, delineando o caminho que seu projeto precisa percorrer para decolar.

Em 2013, com o objetivo de expandir seu número de usuários, o Facebook ensaiou comprar o Waze, o aplicativo israelense de mapeamento em tempo real das condições de tráfego. A operação não vingou, e a rede social buscou seu objetivo por meio de outras aquisições, como a do Whatsapp e a do Instagram. Quem acabou concluindo a aquisição foi o Google. "Estamos entusiasmados com a perspectiva de melhorar o Google Maps com os recursos de atualização de tráfego fornecidos pelo Waze", declarou o vice-presidente de geolocalização, celebrando o sucesso do projeto. Quais objetivos estratégicos levaram o Google a optar pelo "sim" e o Facebook a optar pelo "não", diante da mesma oportunidade? Talvez a resposta esteja na afirmação do VP do Google, acima, que demonstrou interesse pelo recurso tecnológico e preocupação com a qualidade dos recursos atuais. Ou seja, comprar o Waze talvez fosse bom para quem estava de olho na tecnologia, mas não tão interessante para quem procurava expandir sua base de usuários.

Muitas aquisições não dão certo, e razões para isso não faltam. Dependendo do porte da operação e dos valores envolvidos, entre a manifestação de intenção e o fim da integração podem se passar anos, durante os quais é necessário superar centenas de desafios: financeiros, logísticos, regulatórios e, não menos importantes, culturais.

Imaginem a resistência enfrentada pela InBev, cujos maiores acionistas individuais eram os brasileiros Jorge Paulo Lemann, Beto Sicupira e Marcel Herrmann, quando eles compraram a centenária cervejaria norte-americana Anheuser-Busch, fabricante da Budweiser. Raiva e receio entre funcionários, revolta da população de St. Louis... Dois anos depois de criar a maior cervejaria do mundo, os investidores compraram a rede Burger King e, não satisfeitos, dali a mais três anos adquiriram a indústria de alimentos Heinz, mais um ícone nos Estados Unidos. Creio que todos nós temos algo a aprender com eles a respeito de busca de interesses incansável e calcada em planejamento estratégico, valores empresariais, enfrentamento de ameaças e superação de conflitos humanos. É sobre esse último tópico que vamos nos aprofundar a seguir.

3. O despertar da estratégia na equipe.

Apesar de ser uma ciência relativamente nova, o marketing já está em sua terceira onda. Uma rápida passada de olhos pela história nos relembra que, no início da produção em massa dos bens de consumo, o foco estava na padronização dos produtos e na otimização de processos, para que o preço final fosse acessível ao maior número possível de pessoas. A palavra-chave era "eficiência". Na era da informação, a tecnologia possibilitou que o consumidor fizesse comparações antes de comprar. Entraram em cena a customização dos produtos e os serviços personalizados, que diferenciavam as marcas e permitiam margens maiores. Com o foco em resultado, o conceito dominante passou a ser "eficácia". Alguns autores propuseram "efetividade" como solução de equilíbrio entre os dois conceitos, mas foi Kotler quem realmente definiu o movimento seguinte. Em seu livro *Marketing 3.0*, já no subtítulo fica explícito qual é o novo foco: *As forças que estão definindo o novo marketing centrado no ser humano*.

Resumidamente, a função do marketing 3.0 é demonstrar na prática a missão e os valores da empresa, com o objetivo de estreitar o vínculo entre a marca e os seres humanos, em prol do enriquecimento de ambos. Os funcionários mais qualificados (portanto, os mais valiosos e disputados) procuram um posicionamento com o qual se identifiquem, um propósito que mostre o comprometimento da empresa com valores semelhantes aos seus. O trecho que mais nos interessa aqui vem a seguir: "É essencial que as empresas mantenham a integridade e pratiquem o que pregam. Quando testemunham a integridade do empregador, os empregados ficam mais dispostos a manter o compromisso com os valores da empresa. Valores bem mantidos melhoram a lealdade do funcionário". Se valores em comum aumentam a lealdade, o que se pode esperar quando a convergência é também de interesses e ameaças?

Durante muito tempo, defendi intuitivamente um ponto de vista que, após os anos de prática, enxergo com a devida fundamentação: contratar uma pessoa com carência técnica não é tão problemático, pois se pode ensinar, treinar, não é difícil corrigir esse tipo de deficiência. Porém, se não há convergência de princípios, o quadro é mais desafiador. Não significa necessariamente que a organização ou a pessoa esteja errada, cada moral pode ser diferente da outra sem que obrigatoriamente uma seja melhor ou pior, mas a falta de relação entre princípios éticos pode ser, sim, bem delicada. Com certeza não é fácil encontrar no mercado de trabalho indivíduos que tenham os mesmos interesses, mesmos receios e valores, mas, se começarmos pelos valores, o processo corre melhor.

E corre melhor para todos os envolvidos, não só para uma das pontas. Em dezembro de 2017 foi divulgada a décima edição da lista anual dos 100 melhores locais de trabalho dos EUA. As empresas participantes precisam empregar no mínimo 1.000 pessoas e o ranking é baseado em pesquisas anônimas respondidas por mais de 700 mil empregados de todo o país. As *top ten* marcaram no mínimo 4,5 na escala que vai de 1 a 5, bem acima da média geral, que foi de 3,3 pontos. Na análise dos resultados, um parágrafo resume o que une as mais bem colocadas: "Um ponto em comum que se torna cada vez mais evidente: a cultura e os valores de uma organização e as oportunidades disponíveis são tão importantes quanto o salário e os pacotes de benefícios", diz a reportagem da rede CNBC. Entre os fatores que levaram as vencedoras ao topo, destacam-se "a cultura corporativa", "uma cultura comunitária", "a cultura compartilhada", "os valores centrais", "a habilidade de manter a força de trabalho engajada e satisfeita". Satisfação da equipe se traduz em satisfação dos empregadores: "A felicidade dos empregados tem um impacto significativo sobre sua produtividade", ensina mestre Kotler.

Mas o que faz a felicidade do colaborador? O Great Place to Work® Institute, consultoria de pesquisa e gestão presente em 45 países, define um excelente ambiente de trabalho não com base em uma lista de benefícios e programas, mas como aquele construído a partir das relações quotidianas que os colaboradores vivenciam. A palavra-chave, aqui, é "quotidianas". De nada adianta atribuir um bônus em dezembro, se sua empresa passou os onze meses anteriores sufocando a criatividade da equipe, inibindo seu desenvolvimento, pregando um conjunto de valores e praticando outro, desrespeitando a diversidade e ignorando a igualdade de oportunidades, para citar apenas os erros mais comuns. Como em qualquer relacionamento, é a constância que importa. Colaboradores acreditam que trabalham em uma empresa excelente quando, *consistentemente*, confiam nas pessoas para quem trabalham, têm orgulho do que fazem e gostam das pessoas com quem trabalham.

Como se obtém isso? Andréa Veras, diretora do GPtW, ressalta a importância de conciliar os objetivos e metas da empresa com as necessidades dos profissionais que lá trabalham: "Só há uma forma de isso acontecer: criando identificação dos profissionais com os valores e os objetivos organizacionais; se as empresas conseguem promover esse alinhamento, as pessoas vão ter mais orgulho do lugar onde trabalham, isso é o ideal e todo mundo sai ganhando. Ficar numa empresa onde você não encontra eco com seus próprios valores é uma agressão, sua produtividade cai e estar lá todo dia chega a ser um sacrifício".

Da mesma forma, um profissional incrível não é somente um profissional incrível, ele está em uma situação privilegiada por se sentir bem no lugar onde trabalha. Ele tem facilidade para enxergar os porque sim e os porque não das questões corporativas porque, em sua vida pessoal, enfrenta coisas similares. A despeito de eventuais lacunas técnicas, ele sabe em que direção remar, pois está e se sente no mesmo barco, e não vivendo o sonho alheio. Quem está procurando colocação deve se informar sobre os valores da empresa e verificar se há consonância. Isso auxilia o candidato de duas formas: na entrevista, já revela sua essência, sua postura; após a contratação, garante que ele possa continuar sendo quem é. Portanto, se você anda se questionando "Por que eu não consigo entregar o meu melhor?", a resposta talvez seja que você está no lugar errado, e que esta empresa não te merece! Já se você é um empregador e está procurando um membro extraordinário para reforçar sua equipe, pense que ele deve ser apaixonado pelo que faz, ser constantemente reconhecido pelo trabalho realizado e saber lidar com os desafios de modo que se motive a evoluir sempre e entregar seu melhor.

O PMONEY é o responsável pelo alinhamento estratégico de todos os *stakeholders*, por comunicar os interesses, medos e as questões de honra, e por priorizar as missões diárias que trarão conquistas, fortalecerão as bases e acumularão riquezas.

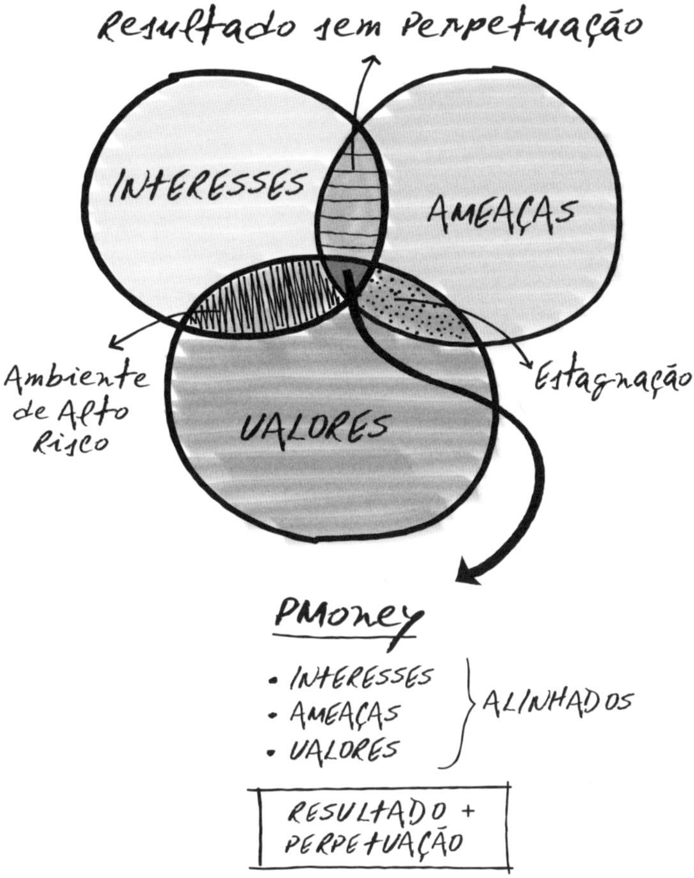

No próximo capítulo, veremos como a liderança de uma empresa pode torná-la querida pelos colaboradores por meio da convergência de interesses, receios e honra. Os melhores generais sabem que não se vence uma guerra sozinho e que vitória sem esforço é triunfo sem glória. Cientes da estratégia e contagiados pela integridade de seu comandante, soldados motivados e reconhecidos sentem o sangue borbulhando de impulso guerreiro e a alma rugindo de energia construtiva. Que soem os clarins!

CAPÍTULO 2

2

Liderança

GESTÃO ESTRATÉGICA DE PESSOAS

Sempre fui muito atento às relações interpessoais. Como CEO da Iben, quase todo dia vejo alguém fazendo a diferença na equipe, seja para o bem ou não. Observando o comportamento das pessoas e ponderando sobre a consequência que cada atitude é capaz de gerar – tanto nas relações da empresa com ela mesma quanto nas relações entre ela e a comunidade –, desenvolvi uma linha de pensamento que posso afirmar ter poderes incríveis de transformação de equipes comuns em times de sucesso. Essa linha de pesquisa teve início nas minhas relações pessoais, em especial com o Rodrigo, meu sócio e irmão.

Quando fundamos a empresa, éramos bastante imaturos do ponto de vista empresarial, e nossa experiência profissional não era muito significativa: desenvolvíamos oportunidades de negócios, serviços, obras – mas como estagiários, na empresa do nosso pai.

Já a convivência pessoal era enorme: dois homens, irmãos, de idades muito próximas, que durante um quarto de século passaram muitas horas juntos, todos os dias, em casa, na escola, no trabalho e em ambientes sociais. Brigamos como costumam brigar quaisquer dois irmãos, mas nos amamos e sempre nos demos bem, e o saldo dessa proximidade foi uma camaradagem total, uma cumplicidade que muitas e muitas vezes permitiu a comunicação sem a necessidade de palavras.

Quando essa intimidade foi para o ambiente de trabalho, precisamos fazer muita força para conter o lado fraternal. Sempre que havia divergência, tínhamos que policiar com muita atenção nosso modo de interagir, já que os reflexos inevitavelmente se espalhariam por todo mundo, mesmo que "todo mundo" significasse, na época, dois ou três funcionários.

Era curioso, porque ambos sabíamos o que o outro queria, mas nunca conversávamos formalmente a respeito. A gente lutava pelo trabalho, persistia no trabalho, muito mais do que planejava ou debatia o trabalho. No início, portanto, o modo de agir das lideranças da empresa era quase intuitivo e instintivo, baseado em um *background* comum, harmonia de ideias e respeito mútuo. Isso era muito ruim como resultado para o negócio porque, na maioria das vezes, ele e eu pensávamos do mesmo modo, mas dificilmente a equipe estava na mesma sintonia. Nem poderia estar, é claro. Pessoas não vêm ao mundo equipadas com bola de cristal.

A consequência era, muitas vezes, a impressão de que ninguém servia, todos eram ruins. "Você viu o comportamento daquele cara naquela situação?", indignava-se um de nós, e o segundo ecoava: "Vi, foi um absurdo. Ele não serve". Ao mesmo tempo, a voz da lembrança nos chamava: "É, mas teve aquela outra vez que ele agiu bem".

Tínhamos dificuldade em entender o que achávamos ser uma oscilação de comportamento das pessoas da equipe, e claramente nos faltavam critérios objetivos para embasar essas avaliações. Tudo era implícito na cumplicidade entre mim e meu sócio, porém misterioso e desconhecido para os demais membros da equipe. Isso trazia uma série de inconvenientes: elogiávamos ou reprimíamos o que nos parecia positivo ou negativo, mas não era possível estarmos presentes sempre, em todas as situações, e também não havia um mandamento sagrado que pudéssemos referenciar como justificativa de por que tal atitude tinha contribuído positivamente e por que aquela outra não. Esta segunda é especialmente crítica, pois a consequência de uma escolha ruim nem sempre é imediata ou perceptível aos olhos de quem está no comando; a percepção nem sempre é unânime entre as pessoas, e a empresa sofre com a incoerência de sua própria equipe.

O desafio de expressar essas ideias fazia com que cada questão pontual fosse analisada também pontualmente, e na maioria das vezes soava como desabafo, não como a orientação que desejávamos. Entre os sócios isso não acontecia, porque cada um sabia o que o outro pensava e ambos se preocupavam com as mesmas coisas sem precisar falar muito. Raramente eu discordava de um comportamento do meu sócio, pois sentia que ele agia bem e que, em seu lugar, eu teria uma atitude semelhante, pois desde o início tínhamos **valores** e **interesses** comuns. Como foi o processo de transformação disso para o que temos hoje?

Primeiro, foi necessário falar muito. Porque, por mais que se saiba o que o outro quer e quais são suas preocupações, mesmo que com uma troca de olhares seja possível transmitir um monte de informação, na hora de oficializar a coisa muda de figura. Vamos falar sobre o que queremos, vamos escrever? Aonde você quer chegar?

Ah, que esforço! Se sozinho já é difícil responder, quando existe um sócio é ainda mais complicado, porque ambos têm de olhar para a resposta e concordar: "É isso!".

A **visão** de uma empresa é uma coisa necessariamente sofisticada, porque, se você é simplista ao definir os interesses, ela fica pobre, insuficiente e corre o risco de se desatualizar muito depressa; portanto, se torna inútil. Ao declarar: "Quero ganhar dinheiro, ser reconhecido ou me sentir realizado", você está formalizando algo que quase todas as pessoas querem. Isso não é uma visão empresarial, está mais para fantasia juvenil.

Após algumas tentativas, o Rodrigo e eu chegamos ao "É isso!" da Iben: ser uma marca autêntica e respeitada pela comunidade empresarial por entregar soluções que transformem a vida das pessoas e das organizações.

Nossa visão partiu da perspectiva comum aos sócios, aponta claramente a direção a seguir e tem sólida fundamentação. Vejamos.

Ser uma marca respeitada pela comunidade significa ter valor, ser procurada, ser reconhecida por entregar soluções que impactam positivamente a vida das pessoas.

Como lidamos com projeto, tudo em que estamos envolvidos é cenário de transformação. Estamos fazendo uma obra em uma indústria? Estamos impactando todas as pessoas que trabalham ali. Já entregamos a obra? Continuamos impactando, porque o cotidiano daquelas vai transcorrer no produto do nosso trabalho. Quando se entra na vida de alguém, pode-se obter "que porcaria ficou este banheiro" ou "este refeitório ficou ótimo". Se nós entregamos nossos serviços, e eles transformam a vida das pessoas, e elas nos respeitam *depois* disso, cumprimos uma parte da visão e inevitavelmente a marca terá valor, será reconhecida e procurada para mais e mais serviços.

Mas não basta. Queremos também ser autênticos. Por quê? Porque outras empresas podem ser muito boas, mas nós buscamos ter uma personalidade. Nós transformamos para melhor a vida das pessoas e fazemos isso de um jeito único. O diferencial que nos destaca dos concorrentes é o que constrói uma boa imagem, o que nos torna reconhecidos pelo nosso trabalho, ajuda a fazer mais negócios e a ganhar mais dinheiro.

Então é uma visão que desde a essência justifica as questões que movem os empresários na maioria das organizações: ter resultado financeiro, reputação favorável e bem-estar, e mitigar o risco que advém da falta de diferencial.

Quando se chega ao ponto de escrever a visão acordada entre as lideranças, o primeiro passo está dado, porém, a pergunta seguinte não é mais simples do que a primeira. Nós olhamos para o nosso dia a dia na empresa e perguntamos: "Ok, mas e agora, para que essa visão aconteça, como faz?".

Eu acredito no ser humano e que as pessoas se esforçam para acertar. Acredito que, se você cria um negócio, seja em que segmento for, chama alguém e lhe atribui uma função, essa pessoa vai trabalhar para entregar o melhor, e cabe ao líder obter o melhor de cada pessoa.

Quando olhamos para o dia a dia da Iben, o que vimos foi, sim, gente se esforçando para fazer o melhor – só que "o melhor" dentro do juízo de cada um. Na ausência de um juízo comum, vigorava o famoso "cada cabeça, uma sentença". A empresa não tinha ainda uma personalidade, a atuação coletiva não era efetiva, cada um passava a bola segundo o próprio critério de "redonda", ou seja: sem um juízo comum, não poderíamos criar uma marca autêntica nem respeitada nem nada do que diz a nossa visão.

Quando olhamos para o dia a dia da Iben, vimos também que uma definição básica para o nosso trabalho era superar novos obstáculos. É uma generalização que se aplica a todos os membros da equipe: surge uma situação e você tem que resolver, independentemente de você ser do financeiro, da área técnica etc. Pessoas que lidam com projetos enfrentam diariamente novas situações, não há repetição de obstáculo nem de receita para solucionar. A melhor formulação genérica que encontramos para as tarefas e atividades de um time envolvido em entrega de projetos é superar desafios.

A partir disso, começamos a redigir a **missão**: levar para os nossos clientes uma experiência exclusiva de sucesso. Comunicamos isso para a equipe e demos treinamento, de modo que todos soubessem o que significa "sucesso" em gerenciamento de projetos. Transmitimos os fundamentos da ciência de gestão para todos os colaboradores, desde a recepcionista, e ainda hoje repetimos isso constantemente, para que ninguém se esqueça: projeto bem-sucedido é o que termina no prazo, não tem problema de qualidade, fica dentro do orçamento e atende às necessidades estratégicas de quem nos contratou.

E como levar experiências de sucesso? Desenvolvendo soluções inteligentes, capazes de superar os desafios do dia a dia e conectando os objetivos estratégicos dos clientes. Ou seja, buscando a melhor solução para cada situação e contribuindo para que o cliente atinja o resultado que autorizou determinado projeto. Nossa execução conecta o objetivo estratégico dele com a nossa operação. E tudo isso com integridade social. Em sua redação completa e final, nossa missão é:

Produzir experiências exclusivas de sucesso na gestão de projetos, programas e portfólios através de soluções inteligentes, capazes de superar os obstáculos operacionais e conectar os objetivos estratégicos com os produtos, serviços e projetos dos nossos clientes. Nutrir o amor pela inovação e o inabalável compromisso com a integridade social.

Gostaria de chamar a atenção do leitor para a última parte do parágrafo acima. Tivemos de inserir esse limite de integridade porque, dentro do segmento de construção, e em várias empresas brasileiras de diversos setores, quando uma pessoa nova entra, por incrível que pareça, é necessário informar a ela que lá dentro você quer fazer o certo! Porque ela pode ter vindo de uma empresa onde a orientação era fazer o errado. Como buscamos ser uma marca autêntica e respeitada, se não preservarmos essa condição, tudo desmorona.

É fundamental ter o maior cuidado com os elementos que você usa para descrever a missão e também com o modo como explica isso para a equipe, de forma a não deixar nenhuma ponta solta que dê margem a atos ou omissões que você desaprova. Veja como pode ser desafiador redigir até mesmo um primeiro esboço, capaz de explicar, para quem quer que o leia, como nós somos no dia a dia.

A solução inteligente tem a ver com raciocinar. É possível superar obstáculos sem isso, mas, ao agir assim, você vai transformar para pior a vida de quem for impactado, e com isso criar um problema. Solução inteligente significa que você deve parar e pensar *antes* de superar os obstáculos, pois só desse modo cumprirá a missão de levar ao cliente uma experiência exclusiva de sucesso, conectar o objetivo estratégico e conquistar respeito após transformar a vida das pessoas.

E essa parte sobre "experiência exclusiva de sucesso"? Ela está ligada à autenticidade que definimos na visão. Não queremos ser uma marca reconhecida ou respeitada meramente por entregar soluções, mas por entregá-las do "jeito Iben". Personalidade adiciona algum tempero, mas também algum desafio, ao trabalho da equipe, que em um primeiro momento se preocupou com a forma de materializar isso.

Vivemos muitas experiências positivas ao longo da vida, mas algumas nos marcam com força especial. Por quê? Porque nos surpreendem, fazem além do que esperávamos, oferecem um *plus* que nunca sairá da nossa lembrança. Um amigo me contou uma experiência que ilustra isso perfeitamente. A esposa dele foi assaltada e, entre outras coisas, levaram os cartões de crédito. Ela pediu ao marido que providenciasse o cancelamento. Quando ele telefonou para a primeira operadora, falou com um atendente que, muito cortês, pegou os dados, confirmou algumas informações, cancelou o cartão roubado e providenciou um novo. Ao telefonar para a segunda operadora e repetir o ocorrido, a primeira coisa que meu amigo ouviu do atendente foi: "Mas e a sua esposa? Ela está bem?". Uma experiência positiva e marcante que ele faz questão de recontar até hoje, sempre causando nos ouvintes uma grande admiração pela operadora do cartão.

Na Iben, já atuamos em mais de 90 projetos imobiliários, em alguns participando de todo o ciclo de vida do negócio, desde a criação do produto a partir da visão estratégica do cliente até a entrega das chaves. Só em 2018 concluímos quatro projetos assim, e todos eles terminaram não só no prazo, mas com uma média de 42 dias adiantados; a ocorrência de chamados de atendimento por questões de qualidade foi 35% abaixo de experiências anteriores que acompanhamos no mercado; o custo desses projetos somava R$ 180 milhões em investimentos e a economia em relação ao *budget* foi de R$ 9 milhões, em mais de 1.400 unidades habitacionais entregues. Todos esses atributos significam elementos de sucesso nesses quatro empreendimentos, porém, o jeito Iben se revelou nos detalhes.

Em São José do Rio Preto, em um terreno próximo a uma comunidade bem peculiar, em que aposentados, uma escola de educação infantil e uma universidade eram literalmente vizinhos da obra, fizemos um trabalho forte de engajamento. Comunicamos a esses *stakeholders* o que estava por vir nos 24 meses seguintes, destacando os momentos em que incomodaríamos um pouco mais e sublinhando as contrapartidas que seriam adotadas para mitigar esses efeitos. Instalamos um medidor de ruídos no tapume, fizemos um posto de coleta seletiva para o bairro, orientamos os colaboradores a serem ainda mais cordiais e trabalhamos para construir um ambiente produtivo, com valores familiares semelhantes aos da comunidade, promovendo palestras e eventos de conscientização.

Na cidade de Americana, os estoques altíssimos na proximidade da entrega preocupavam especialmente os investidores. Nós antecipamos a entrega da primeira fase e abrimos visitação para a área de lazer, que era o principal diferencial do produto. Essa medida aproximou os investidores de seu objetivo estratégico e acelerou significativamente as vendas a partir desse ponto.

Em Salto, uma onda de temor frente à questão econômica do país acarretou uma avalanche de distratos para o empreendimento Jardim dos Taperás, que viu seu estoque de 20% subir para 40% no momento que antecedeu a entrega das chaves. Com as obras adiantadas e o custo abaixo do esperado, foi possível pensar em ajustes do escopo para qualificar ao máximo o produto, melhorando seu posicionamento no mercado e reduzindo possíveis rejeições de clientes que estivessem em dúvida quanto à efetivação da promessa de compra.

Na cidade de Cordeirópolis, o plano original, de construir e entregar 230 casas, precisou ser revisado quando as políticas de financiamento do programa do governo limitaram o crédito e o preço das unidades enquadradas. Precisamos ser rápidos em renegociar com fornecedores, alterar o mix de produtos, ajustar o modelo de negócio e proteger a margem, e foi necessária uma grande motivação para enfrentar o desafio da mudança e salvar o negócio.

O que esses projetos têm em comum não é "apenas" o compromisso com a experiência exclusiva de sucesso, a superação de obstáculos, a conexão de objetivos estratégicos, a inovação e a integridade social que são determinados em nossa missão. Esses projetos foram possíveis graças a almas, mentes e mãos humanas que entendiam dos interesses por trás daquelas operações, sabiam o que preocupava o acionista e conheciam os valores substanciais da Iben. O combustível para que esse motor funcionasse perfeitamente bem foram os mais de R$ 1 milhão em prêmios distribuídos para a equipe como participação pelo resultado adicional gerado pelos R$ 9 milhões de economia, dentro do prazo, com qualidade superior e aderência estratégica de negócio.

Se a visão é o "o quê", a missão é o "como" da organização. Elas devem ser capazes de responder a qualquer questão surgida no contexto do trabalho, até as mais corriqueiras, como um colaborador se queixando por ter recebido um e-mail desaforado de um cliente.

Nós trabalhamos para quê? Para gerar uma experiência exclusiva de sucesso. Na mensagem anterior do colaborador, ele estava entregando isso? Estava levando uma solução que resolvesse o problema, que conectasse o objetivo estratégico do cliente? O colaborador agiu com integridade social? O que, afinal, provocou aquela reação do cliente?

Vamos deixar de lado a parte do desabafo e nos concentrar nos fatos, procurando uma resposta que propicie uma experiência exclusiva de sucesso e entregue uma solução inteligente, que supere obstáculos. Para isso, precisamos entrar nos detalhes da operação. É fácil controlar a raiva e moderar a resposta quando somos surpreendidos por situações de estresse e pressão? Não. Mas é preciso.

Sun Tzu, o estrategista militar que citamos anteriormente, tem sábias palavras sobre como conjugar missão e emoção: "Por mais razões que tenhas para ficar irritado, por mais provocações ou insultos que receba, para tomar decisões espera que o fogo da cólera se dissipe e que sentimentos pacíficos brotem em teu coração. Não te esqueças de que teu objetivo, ao lançar-se em campanha, deve ser o de conseguir para teu Estado a glória, o esplendor e a paz, e não semear o tumulto, a desolação e a morte".

Quando você está em uma equipe de qualquer tipo – em um grupo de música, em um pelotão de guerra ou em um time de projetos –, é imprescindível deixar claro o que deve ser construído no dia a dia para que os objetivos sejam alcançados. Os grandes exemplos têm importância, mas as pequenas demonstrações diárias não podem ser negligenciadas.

Você tem de ser o primeiro a acreditar nisso e a agir de acordo. Antes, em um momento de imaturidade, eu podia falar alto ao telefone quando o interlocutor tivesse me incomodado. Fatalmente, logo depois alguém fazia igual. Então caiu a ficha: "Um, isso não vai me levar aonde quero chegar; dois, ele está agindo daquele jeito em meu nome; três, eu fiz a mesma coisa, dei o mau exemplo".

A liderança em que acredito e que busco exercer defende que é importante agir com serenidade e consistência, e que no longo prazo a perseverança dessa atitude trará o resultado almejado. Quando você consegue impor a si mesmo a disciplina de se policiar, isso se reflete em todos, e então se começa a criar um ambiente com mais coerência. E por que isso importa?

Porque é na coerência que reside a força capaz de aproximar a empresa de sua visão, é pela coerência que todos agem no mesmo sentido para executar a missão e é na coerência que percebemos a cumplicidade da equipe, assim como a cumplicidade que tenho com meu sócio e irmão. E o que embasa a coerência são os **valores** ligados a essa visão e a essa missão. No caso da Iben Engenharia, os valores que temos e defendemos são três:

1. **Orgulho pelo sucesso.** Para levar ao cliente uma experiência exclusiva de sucesso, não basta que a equipe saiba o que sucesso significa, é necessário que cada um o busque com determinação imperecível, e que se alegre quando ele é atingido. Durante o processo de integração, cada recém-chegado é informado de que aqui se trabalha com integridade para entregar projetos no prazo, no custo, com qualidade, aplicando soluções inteligentes para conectar os objetivos do cliente. Se alguma parte disso não acontecer, o colaborador não fez o trabalho dele, por mais que tenha se empenhado. Portanto, toda vez que ele desempenha bem seu papel, se esforça e entrega, esperamos que comemore, e todos nós comemoramos com ele. O PMONEY está sempre evidenciando os resultados dos projetos. O contentamento de um mantém acesa a chama de todos os demais. O entusiasmo e a satisfação justificada reverberam na equipe inteira, e cada vitória serve de alimento espiritual para a batalha seguinte. Festejamos o sucesso sem jamais resvalar para a soberba. Depois, com o coração ardente e a mente tranquila, arregaçamos a manga e marchamos, confiantes, rumo ao próximo desafio.

2. **Evolução profissional.** Os obstáculos se alteram, o mercado se transforma, as tecnologias se atualizam. Quem não acompanhar essas mudanças não saberá resolver os obstáculos, e isso se aplica a todas as esferas: engenharia e arquitetura, obviamente, mas também departamento financeiro, jurídico e de recursos humanos. Temos de estudar sempre e aplicar esse aprendizado na gestão dos nossos projetos. A busca pela constante evolução profissional vai tornar a equipe mais capaz de superar os desafios, que é a descrição genérica das tarefas que desempenhamos, e possibilitar o desenvolvimento das soluções inteligentes que fazem parte da missão. Evoluir profissionalmente inclui conhecer as lições aprendidas por outras pessoas e trazer para a nossa vida prática. O Mr. Project Money é um profissional preparado para lidar de diferentes maneiras com desafios corriqueiros e outros inéditos.

3. **Amor e respeito.** São valores ligados à integridade social e ao cumprimento de compromissos. Acredito que amor e respeito ao próximo é a essência de tudo que dignifica as relações humanas. Onde há amor e respeito não existem atitudes controversas, mentiras nem deslealdade. O amor e o respeito por si só fazem com que as pessoas queiram o bem umas das outras, e jamais coloquem nada acima disso. Na Iben, nós acreditamos nesses conceitos e também em honrar a palavra empenhada, em avisar de antemão se alguma parte do combinado não poderá ser cumprida e em oferecer diariamente razões para sermos respeitados. O PMONEY não pode ser contaminado por mentiras ou meias verdades, deve ser comprometido com as pessoas e acumular riquezas sem se valer de atalhos.

Esse bê-á-bá de escrever e transmitir a visão, a missão e os valores já cria um ambiente de coerência e produtividade, desde que as lideranças ajam em seu cotidiano de acordo com o que está ali, e que relembrem constantemente ao time que aquilo é importante e por que é importante, referenciando o texto sempre que houver a oportunidade de aplaudir ou a necessidade de repudiar algum fato.

Tudo que consta da missão deve levar à visão e ser ancorado nos valores. No nosso caso, uma equipe conhece a visão, está orientada sobre sua missão, tem orgulho pelo sucesso, busca evolução profissional e age com amor e respeito é o resultado de um projeto que nasceu como sonho e vem frutificando como realidade dentro do nosso PMONEY.

Existem muitas definições interessantes e vários modos de aplicar a visão, missão e os valores corporativos. A proposta pelo Kotler é uma das minhas preferidas.

Segundo ele, a visão deve ser exibida bem diante dos acionistas ou dos grandes executivos, que é para que se lembrem constantemente de para onde estão indo. Toda vez que vamos tomar uma decisão, pensamos em aonde queremos chegar e questionamos: isso vai nos tornar uma marca autêntica e respeitada por transformar a vida de pessoas e organizações? Se sim, vamos em frente; se não, não vamos.

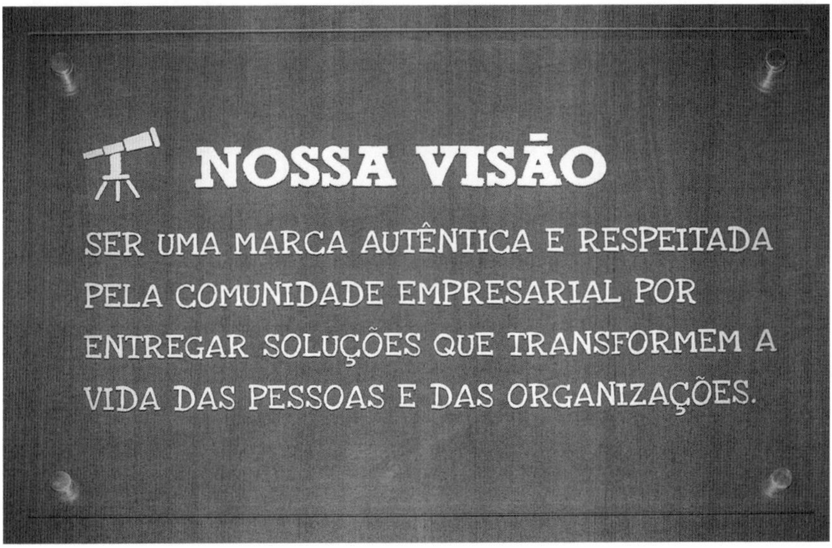

A missão, afirma Kotler, é para ser mostrada aos clientes. Eu diria até mais: é para ser validada por eles. Pois estou sendo contratado dizendo ao cliente o quê? Que vou levar uma experiência exclusiva de sucesso na gestão do projeto dele, que vou superar os obstáculos de forma inteligente, conectando os objetivos estratégicos e com integridade social. Isso cumpre a expectativa dele? Se ele responder que sim, que se eu agir conforme essa missão ele vai me contratar de novo e de novo e de novo, é mais um elemento que tenho para saber que a missão está correta, pois, além de me levar em direção à visão, ela foi aprovada por aquele que vai fomentar os meus negócios, que é o combustível da empresa. Se ele responder que não, significa apenas que não é com a Iben que ele deve trabalhar.

A missão funciona, portanto, como um filtro na seleção de clientes. Há mais de uma maneira de conduzir uma operação, algumas melhores que outras, algumas equivalentes, outras, talvez, inferiores. Mas a parceria perfeita, a relação duradoura e mutuamente vantajosa que se busca, é fundada na comunhão entre o que eu ofereço e o que o cliente procura.

Os valores, por fim, se destinam à equipe: olha, pessoal, é dessa maneira que a gente tem de procurar agir, pois essas atitudes estão ligadas à missão e aos nossos clientes, e esse caminho é que alimenta o sonho dos acionistas de apostar na visão e de investir na empresa.

Segundo meus estudos, a liderança pode ser definida de várias formas; segundo minha experiência prática, de forma nenhuma ela se confunde com obediência. Um líder jamais domina: sua força está em servir de exemplo, de modo que os liderados transformem em **comportamento** aquilo que foi proposto por alguém que eles respeitam.

O comportamento é o quarto passo que define a materialização dos valores. O que permite ao comandante cobrar determinada atitude é a compreensão que cada soldado tem da lógica que o fundamenta. Como dissemos antes, ninguém vem ao mundo equipado com bola de cristal. É preciso informar, reforçar e relembrar sempre.

Na Iben, nenhum colaborador questiona por que a liderança espera que todos ajam com postura de dono, sabedoria de mestre e espírito paternal, pois todos foram formalmente envolvidos em uma dinâmica e eles mesmos escolheram esses comportamentos como representantes, respectivamente, de orgulho pelo sucesso, evolução profissional e amor e respeito.

É comum existirem nas empresas pessoas que receiam tomar decisões e atitudes por medo de serem mal interpretadas, às vezes sem perceber que a omissão e o silêncio também podem ser julgados erroneamente. Como evitar isso? Na nossa vivência, quando se deixa claro a todos os membros da equipe aonde se quer chegar, como se quer chegar, quais são os valores e os comportamentos valorizados, o ambiente se enriquece, se profissionaliza e fica muito harmonioso. O Mr. Project Money é uma pessoa inteligente, capta a mensagem e percebe que esse conjunto é o grande manual, e que pode até ser usado para questionar alguém de hierarquia mais alta. "Por que você fez isso?", questiona um líder, e o liderado nem titubeia para responder: "Porque eu estava buscando levar ao cliente uma experiência exclusiva de sucesso. Se eu não consegui, me perdoa e me explica", responde a pessoa que entendeu o porquê das coisas.

Quando todos na sua equipe forem capazes de justificar uma decisão ou uma atitude com base na missão da sua empresa, o que você conseguiu? A cumplicidade que há entre irmãos! Você conquistou a sintonia que existe com quem cresceu com você, que percebia só de olhar que tal telefonema foi bom, que tal e-mail não foi, que tal coisa que se fez pelo cliente deu certo, que o modo como se resolveu determinada situação foi show, estamos no caminho certo, criamos um supermonstro! Fizemos uma máquina de acumular riquezas, constituímos um PMONEY, bate aqui!

E por que você não conseguia isso antes, com as outras pessoas? Porque nunca tinha conversado! O que nós concluímos disso: gastar saliva economiza lágrimas.

Na medida em que um colaborador se aproxima dizendo "dá uma olhada nessa ferramenta que descobri", o que você enxerga? Que ele está trazendo uma proposta de solução inteligente para superar um obstáculo; que está trabalhando naquilo que a empresa considera prioridade; que ele está dentro da estratégia, seguindo o princípio que a liderança mostrou. Ele entendeu, concordou que faz sentido e está trilhando o bom caminho.

Essa é a harmonia que se obtém quando todos se pautam por um juízo comum e seguem na mesma direção voluntariamente, por saberem que é do interesse deles também, por terem ciência e concordância que é o certo.

Tendo isso, fica muito claro quando um membro se desgarra e toma a direção errada. Quando isso acontece, você não tem a menor dificuldade de explicar, o argumento está pronto: você não está trabalhando com integridade para trazer uma experiência de sucesso. Se ele entende e volta ao bom caminho, você obteve alinhamento; do contrário, você tem um problema.

Trabalhar em conjunto não é fácil. Em uma empresa que ainda está começando, então, é ainda mais desafiador. No princípio, o histórico da empresa é muito pequeno para funcionar de recomendação, e as coisas boas que você vem conquistando ainda não criaram uma reputação favorável que sirva de cartão de visita. Por isso, a empresa jovem e pequena não pode errar: a vulnerabilidade faz com que até pequenos deslizes possam gerar enormes consequências.

Lá atrás, se tínhamos uma situação em que um colaborador agisse de uma maneira controversa, da qual a gente discordasse totalmente, o que acontecia? Um de nós conversava usando os argumentos que julgasse mais apropriados, o outro ficava observando e depois vinha a crítica: você não deveria ter falado aquilo, deveria ter falado isto e isto, tem que explicar com as palavras certas e do jeito certo etc. Isso acontecia porque nem nós mesmos conseguíamos verbalizar com exatidão o que esperávamos. Quando o Rodrigo e eu escrevemos os valores, passamos a ter um conjunto objetivo de critérios para dialogar com a equipe. Antes, porém, precisamos educar e treinar a nós próprios, muito de acordo com o que Sun Tzu prega: "Generais devem evitar cinco erros básicos: precipitação, hesitação, irascibilidade, preocupação com aparências e excessiva complacência. Para vencer, deve conhecer o terreno e os homens, tanto a si mesmo quanto os outros. A primeira batalha é sempre contra nós mesmos".

Depois que você absorve isso, desaparece o peso da dúvida "Como vou abordar isso com aquela pessoa?". Se está enraizado, fica fácil: você vai referenciar os valores organizacionais e explicar por que a atitude dele se distancia dos comportamentos esperados e como, em consequência disso, a empresa se afasta de sua visão e de sua missão.

Gostaria de encerrar esta primeira parte sobre liderança reforçando a importância de se criar coerência. O caminho para a coerência se compõe de estratégia clara e bem transmitida, diálogo contínuo, validação dos princípios e entendimento coletivo que leve a um juízo comum.

Tudo isso constitui o subsídio que nós, como líderes, usamos em nosso dia a dia. Antes de dar uma orientação ou tomar uma decisão, recuamos um passo e consultamos a estratégia. Muitas vezes eu me percebi errando e busquei me corrigir. Ora, se eu mesmo, que ajudei a elaborar tudo isso, cometi falhas, que dirá então aquele que está seguindo o que outra pessoa elaborou. A atenção, portanto, deve ser constante.

De acordo com o segmento em que você atua, o que vimos até aqui talvez seja suficiente para a criação de coerência e uma boa ação de liderança. Em uma organização que trabalhe por questões sociais ou de ideologia, por exemplo, é possível que ter todo esse conteúdo bem redigido e bem comunicado baste para que as pessoas se identifiquem e adotem a postura esperada. No nosso caso, porém, foi preciso mais.

Quando se fala de empresa em um contexto capitalista, outros ingredientes são adicionados à conversa: custo, receita, investimento e resultado. Sejamos francos, ninguém abre uma empresa sem pensar em ganhar dinheiro. Esses quatro itens perpassam o mesmo discurso: para ter distribuição de lucro, preciso ser uma marca autêntica, preciso que novos clientes queiram me contratar e que os antigos queiram me recontratar; como a economia está complicada e tem muita gente que atua no mesmo segmento, preciso ter perante a concorrência um diferencial que me destaque. Pois bem.

Um dos fatores que determinam o sucesso é o custo, então, quanto mais barata for a entrega, maior será o resultado. Nós entramos nesse negócio cumprindo a estratégia x e para buscar um resultado y. A Iben depende desse resultado, é ele que justifica o envolvimento da empresa com isso, a geração desses empregos, é por causa dele que assumimos os custos, fazemos os investimentos, pagamos os salários; então, essa é a receita esperada.

Em gestão de projetos, há situações de uma importância econômica enorme. Às vezes, em um projeto de milhões, um único processo de compras responde pela metade. Um único! Então, em um primeiro momento, o que o Rodrigo e eu fizemos? Centralizamos. Certos processos representavam tamanha oportunidade de ganho que obrigatoriamente eram conduzidos por ele ou por mim, pois era claro que tínhamos o mesmo objetivo e que qualquer um de nós agiria da mesma forma que o outro; fora essa cumplicidade, existia outro fator: a gente sabia que ganharia dinheiro com aquilo.

Só que, conforme a empresa começou a crescer, nós percebemos que não seria possível continuar chamando à nossa responsabilidade os processos que fariam mais diferença no resultado. A gente se perguntava como era nas grandes corporações, como uma empresa com milhares de vezes o nosso volume de negócios conduzia as coisas, porque não era possível que o dono estivesse à frente de cada processo importante. Havia gente ganhando dinheiro com aquilo... E continua havendo: entre os CEOs norte-americanos mais bem pagos em 2017, segundo pesquisa do *New York Times*, o primeiro colocado foi o malaio Hock E. Tan, da Broadcom, que, entre salário, bônus, ações, opções e benefícios, recebeu, ao longo do ano, assombrosos US$ 103,2 milhões. A título de comparação: o presidente mais bem remunerado de uma empresa brasileira de capital aberto recebeu, no mesmo ano, R$ 40,9 milhões, de acordo com reportagem do UOL.

A Iben está longe de poder oferecer uma remuneração dessa envergadura, mas a receita sempre pode crescer, já que nossos contratos têm preço fechado. Quando economizamos, através da realização de um bom trabalho em equipe e com experiência garantida de sucesso, o lucro aumenta. O colaborador sabe disso e podemos negociar os termos a esse respeito.

Nós, sócios, controlávamos o custo porque o aumento da receita se refletia no nosso próprio bolso. Mas e o colaborador? Por que ele iria trabalhar para isso? Será que não podemos dividir o bolo com a equipe que nos ajuda a aumentar a receita? Será que não podemos criar um ambiente de trabalho em que exista uma **convergência de interesses**? Isso é maior do que simplesmente compartilhar a estratégia e ter alinhamento de comportamento. É um verdadeiro energético comportamental para os jovens ambiciosos de hoje em dia.

Para deixar claro e registrado, e poupar o leitor de repetições, vamos sublinhar aqui: toda vez que falarmos em economia, estamos falando de corte de custo com preservação de qualidade, prazo, conexão com objetivos estratégicos e integridade social.

Por causa do contrato de preço fechado para a gestão de projetos, quando economizo em um processo de compras, eu faço a conta de quanto estou ganhando. Acredito que você faria também. Agora, se você entende que está em um negócio com custo x e resultado y, que tem um monte de gente trabalhando no processo, e que esse processo é capaz de mudar sensivelmente o resultado que você imaginou no princípio, tanto para mais quanto para menos, o que você faz?

Bem, não sei o que você faz, mas na Iben nós acreditamos que, se melhorar, deve melhorar para todo mundo e que, se piorar, deve piorar para todo mundo.

Alguém até poderia adotar um discurso simplista e afirmar que, se o resultado for pior, em um caso extremo o colaborador acabaria perdendo o emprego, mas isso seria um argumento tolo, parte de uma tradição obsoleta. Ameaças, mesmo que tragam o efeito esperado no curto prazo, no longo se tornam inúteis ou mesmo contraproducentes. Do nosso ponto de vista, existe um mecanismo que funciona com perfeição para motivar as pessoas a trabalharem a favor do mais e não para evitar o menos.

Foi Michael Young, sociólogo e político britânico (1915-2002), quem inventou a palavra **meritocracia**, ao unir em seu livro *The rise of the meritocracy* o termo em latim *mereo* (ser digno, merecer) ao termo grego *krátos* (força, poder), criando o neologismo que pela primeira vez estabeleceu um vínculo direto entre mérito e poder. Desde que foi cunhada, em 1958, a expressão recebeu muitas interpretações, algumas desfavoráveis. Nós a usamos aqui como "princípio que reconhece e promove os indivíduos conforme seu talento ou aptidão, de acordo com seu trabalho, esforço, competência, inteligência e virtude, e em desconsideração a origem, classe social, etnia e condição financeira quando e somente quando, o seu trabalho for capaz de gerar ganhos adicionais ao negócio, havendo algo novo a se compartilhar pelo mérito de suas atividades e comportamento".

Na política meritocrata instituída na Iben, entendemos que todos os seres humanos possuem valor intrínseco, mas habilidades e responsabilidades variadas, e por isso jamais estabelecemos metas idênticas para perfis diferentes. Trinta anos antes da meritocracia de Young, nosso Rui Barbosa já afirmava, em sua *Oração aos moços*, que "a regra da igualdade consiste em aquinhoar desigualmente aos desiguais, na justa medida em que eles se desigualam, visando ao equilíbrio entre todos. Tratar com desigualdade a iguais, ou a desiguais com igualdade, seria desigualdade flagrante, e não igualdade real. Esta blasfêmia contra a razão e a fé, contra a civilização e a humanidade (...), se executada, não faria senão inaugurar, em vez da supremacia do trabalho, a organização da miséria".

O elemento motivacional que engaja as pessoas por meio da convergência de valores tem total alinhamento com a essência militar da estratégia, como visto antes: trata-se da mesma trinca formada por interesses, medos e honra. Quando todos estão no mesmo contexto, recebem oportunidades equivalentes e desafios proporcionais; quando a superação é reconhecida e premiada, a liderança ocorre naturalmente! Ao menos isso é o que temos vivenciado na nossa empresa.

Quanto mais tornamos a estratégia transparente, reforçamos a missão e sublinhamos os valores, mais obtemos da equipe os comportamentos que nos aproximam da nossa missão. Desde que instituímos políticas meritocratas e passamos a compartilhar os riscos do negócio, maior tem sido o engajamento do time.

A liderança está segura de que cada soldado deseja o mesmo que os sócios, e pode conceder mais autonomia na certeza de que a batalha será travada conforme o estabelecido. Os soldados, mais seguros e livres, escolhem seguir na direção apontada, sabendo que, se a guerra correr mal, todos serão prejudicados, mas que, se correr bem, todos dividirão o tesouro.

Obviamente, a regra da meritocracia não deve ferir leis trabalhistas, por exemplo, penalizando alguém com desconto no salário. Mas é possível separarmos e entendermos que existem dois tipos de remuneração: o salário e o bônus. O salário é normativo e acordado, já o bônus pode ser grande, pequeno ou nenhum.

Se for nenhum, é sinal de que o processo foi péssimo em todos os aspectos, tanto para o empresário quanto para o colaborador. O colaborador inteligente, que entendeu a regra e procura se firmar como um Mr. Project Money da organização, diante de um resultado desses para e pensa: "Algo não funcionou como deveria; será que esse algo sou eu?".

Mais um motivo para você saber o que realizou, ligado à missão da empresa em que você trabalha, ao longo do projeto. Se não souber responder, pode ser indício de que você é uma das pessoas que precisam ser cortadas.

Também pode ocorrer o oposto: que o colaborador receba o devido bônus e que, ainda assim, o projeto tenha falhado muito. A pressa é inimiga da perfeição, como sabemos, e às vezes acontece que, na ânsia de instituir o sistema meritocrata, cientes do valor que isso pode agregar à organização, alguns empresários saltam o estudo e a preparação e se jogam irrefletidamente na execução, com resultados terríveis. Se não for devidamente planejada e implantada, a meritocracia pode ser muito perigosa.

Isso acontece quando ela bonifica algo que não está ligado aos interesses finais da empresa e isso, por sua vez, ocorre quando a liderança quer instituir a meritocracia antes de disseminar a cultura de valores e interesses compartilhados. Não esclarece a equipe sobre para onde se vai, sobre como agir no dia a dia, sobre os comportamentos desejados – mas já começa a bonificar! É um caso clássico de saliva economizada à custa de muita lágrima derramada.

Outro exemplo frequente que temos visto é a bonificação por aumento de faturamento. A equipe trabalha para isso, já que foi a orientação recebida, desconsiderando que muitas vezes se aumenta faturamento piorando o resultado, expondo a empresa a riscos. Mas o que diz o contrato que o empresário assinou? Se o bônus é balizado pelo faturamento e o faturamento aumentou, é obrigatório bonificar, ponto.

Outro erro similar: bonificar por aumento nas vendas. Vender mais não é automaticamente um resultado positivo. Pode ter sido uma operação de baixa qualidade, sem análise adequada de crédito, com parcelamentos extensos demais e os riscos de inadimplência associados a isso. Ironicamente, em um caso assim, quanto maior for o sucesso da iniciativa, mais prejudicado será o negócio. E o empregador ainda terá de pagar os bônus.

Em ambos os exemplos a meritocracia está ligada a um objetivo estratégico atingido, como o aumento das vendas e faturamento, mas não necessariamente está vinculado a um interesse conquistado, como lucro, aumento da margem ou perpetuação do negócio. O PMONEY trabalha pautado por objetivos estratégicos, porém, sabe que anteriormente a isso estão os interesses e os medos, que podem não ser atendidos mediante o cumprimento de um determinado objetivo estratégico.

O maior bônus já pago na Iben foi superior a 15 vezes o salário do engenheiro premiado. O que isso quer dizer? Em primeiro lugar, leitor, pense no lucro que este profissional trouxe para a empresa!

Em segundo lugar, pense nas consequências disso para os amigos dele e para os empregadores desses amigos. Ninguém questiona muito quando um empresário se muda para uma casa maior ou compra um carro melhor. As pessoas imaginam que ele ou está trabalhando direito ou está sonegando impostos, mas aceitam o fato sem muito comentário. Agora: um funcionário? Opa! Certeza de que haverá burburinho.

Como "recebi bônus na minha empresa" vem se tornando mais comum, o empregador que não oferece isso está com dificuldade de reter talentos. Após a implantação da meritocracia, a Iben é cada vez mais procurada por pessoas que desejam se juntar a nós, sabendo que, se elas derem seu melhor de acordo com o nosso juízo de "melhor", vão estar em evidência, assumir mais responsabilidades e ter a respectiva contrapartida financeira por seu desempenho. Todos querem se tornar um Mr. Project Money, afinal isso aumenta sua empregabilidade e sua receita. Não posso evitar de frisar que ele só esta trabalhando para se defender de seus medos e para promover seus interesses.

Nas empresas onde isso ainda não é uma realidade, existe uma tensão no ambiente, equipes desinteressadas ou se desmanchando, com os melhores profissionais abandonando o barco. Sabemos de empresários enfrentando dificuldade para contratar pessoal qualificado, e a média de salário que eles pagam é às vezes até mais alta do que a oferecida pelas empresas retentoras de talentos. Por que isso ocorre? Porque tudo o mais na empresa é tão frágil que pagar bastante é a única maneira que eles têm de atrair gente boa para o negócio. No fundo, esses empregadores estão comprando, enquanto nós estamos recompensando. De um lado está a oferta nua e crua de dinheiro, de outro estão as oportunidades de se tornar um Mr. Project Money amplamente realizado: proteger-se de seus medos, crescer profissionalmente, gerar resultado e aumentar os vencimentos. O dinheiro ainda está lá, mas vem embalado em segurança pessoal, conquista e satisfação.

Quando, ao entrevistar um candidato, nós dizemos "seu salário vai ser este e a regra da empresa para a bonificação é esta", o profissional inteligente já começa a perguntar em que projeto vai ficar, qual o valor desse projeto, qual a tabela. Ele quer ver quantos por cento do lucro adicional vão ficar na mão dele, pede para conhecer detalhes de orçamento para já conferir qual a possibilidade de gerar esse ganho adicional. Ou seja, ele ainda nem foi contratado e já está trabalhando.

Ao mesmo tempo, conheço pessoas que estão há dois anos em um projeto e nunca pediram para ver a composição de custos. Percebam a diferença entre esses dois perfis profissionais. O colaborador sem motivação representa um custo e agrega pouco ou nada, enquanto o candidato com fogo nos olhos já está agindo como você gostaria, com cumplicidade total e rápida, sem necessidade de um convívio próximo e prolongado. Um profissional que, prestes a entrar em um ambiente meritocrata, de imediato queira ver os elementos que vão compor a parte variável da conta vale ouro para si próprio e para o contratante. Isso mostra que ele entende do negócio, conhece os elementos e já enxerga, dentro do papel que vai exercer, onde e como poderá interagir e contribuir. Muito provavelmente, ele será um liderado muito próximo do líder.

Agora: assim como há colaboradores e colaboradores, há líderes e líderes. Existem comandantes que emanam autoridade e inspiram, reúnem dignidade, clareza de espírito, conhecimento, capacidade, retidão de conduta e outros atributos admiráveis. E existem os que são precipitados, vaidosos e tolos.

Seu líder é um insensato se não sabe aonde quer chegar (desconhece a visão) e/ou se trabalha de um modo que o afasta da visão (descumpre a missão) e/ou adota um comportamento que sabota a missão (despreza os valores). Seja qual for o caso, é um problema, mas não significa que você não possa prevalecer e se tornar um Mr. Project Money para a empresa.

Como caminhar ao lado de alguém que prejudica o negócio? Alguns desdobramentos possíveis: o colaborador consegue mostrar isso ao líder e se torna o braço direito dele; o colaborador consegue mostrar isso ao líder, o líder se sente ameaçado pelo colaborador e se torna necessário recorrer a instâncias mais altas.

Essa instância superior, se tiver os atributos que mencionamos, vai reconhecer neste colaborador a capacidade de construir cumplicidade. O que um comandante mais quer é trabalhar com quem compreende o que se busca e age de acordo. Então, soldado, antes de concluir que a visão, a missão e os valores são formalidades sem consistência, procure quem pode esclarecer as coisas, e esta pessoa saberá valorizar a sua atitude. Talvez o líder próximo e insensato não saiba, não queira ou não consiga, mas o comandante acima dele pode surpreender você com uma explicação que, de repente, dará sentido a tudo. Se ninguém da empresa for capaz de ligar a estratégia a interesses, medos e honra de forma objetivamente clara, significa, na melhor das hipóteses, que ela vive uma inércia empresarial, como uma embarcação à deriva em águas turbulentas. Nesse contexto, a falta de diretriz dificulta a ascensão de profissionais brilhantes e o ambiente não é o mais favorável para um Mr. Project Money.

Eu aconselho que o profissional interessado parta ativamente em busca disso, já que nem sempre as coisas estão formalizadas nem é fácil encontrar alguém disponível para apresentar a estratégia, a missão e os valores. Na Iben, debatemos a quem caberia esse papel e concluímos que eu e os demais diretores seríamos os mais indicados, por sermos os líderes perante a equipe.

O soldado vai ascender na medida em que conquistar os governantes, que são os líderes do comandante dele. Vai ascender estabelecendo interação, conexão, cumplicidade. De uma coisa todos os bons profissionais podem estar certos: ninguém manda embora quem dá lucro do jeito certo, ninguém manda embora quem protege a empresa contra ameaças, também do jeito certo.

Outro aspecto importante a abordar em relação à meritocracia é que nem sempre as pessoas enxergam suas possibilidades. "Como ajudar, sendo um analista de contas a receber? Como demonstrar meu comprometimento com uma empresa de engenharia, se estou na área administrativa?"

Devolvo com outra pergunta: qual a sua interação com os demais *stakeholders*? Nem todos os colaboradores estão em posição de levar ao cliente uma experiência de sucesso, mas todos, t-o-d-o-s, estão em condição de arruinar uma experiência de sucesso! Você, exercendo uma função que considera simples, é igualmente importante. Basta entender a consequência do seu trabalho no contexto da estratégia.

Talvez seja difícil enxergar quanto determinadas posições menos ligadas ao negócio podem contribuir com a experiência, mas é fácil imaginar como elas podem contribuir para o fracasso. Pense no potencial destrutivo da recepção ou da equipe de limpeza. São funções que podem boicotar o negócio. E você não quer ninguém boicotando seu negócio, quer? Em uma guerra, um único traidor pode comprometer tudo, e ele não precisa ser um alto general, pode ser o rapazinho que cuida dos cavalos. Por isso, na minha visão, a atribuição de bônus tem que incluir toda a equipe, sem uma única exceção.

Muito bem, vimos que a meritocracia precisa valer para todo mundo e que o bônus precisa estar ligado ao interesse da empresa, ser regulado por um PMONEY e destacar os Mr. Project Money da organização. Se foi estabelecido que esse interesse é o lucro, então, com base no aumento incremental do lucro, haverá recompensa coletiva, você próprio incluído, e uma remuneração extra para todos. Mas como?

A realidade da empresa é muito dinâmica. Paralelamente à vigência da meritocracia, há pessoas sendo contratadas e desligadas, há projetos começando e chegando ao fim. Então, inevitavelmente, haverá profissionais com grande influência e envolvidos no projeto desde o início, ao lado de profissionais com pouca influência e envolvidos há menos tempo. Você quer que o recém-chegado se importe, se engaje e dê o melhor de si, mas também não pode premiá-lo de modo a criar no primeiro um sentimento de injustiça.

Na Iben, nós ponderamos isso utilizando o tempo de trabalho no projeto e o salário de cada pessoa, que funciona como elemento balizador de sua importância econômica. Assim:

Você tem um salário de R$ 10 mil e trabalhou em um projeto do começo ao fim, enquanto outra pessoa tem um salário de R$ 5 mil e entrou na metade do projeto. Sendo assim, sua fatia do bônus precisa ser ponderada pelo salário x percentual do projeto em que você atuou, ou seja, você teria um fator de cálculo de 10.000 x 100% e o outro colaborador, de 5.000 x 50%. Considerando: que a empresa tenha gerado um lucro adicional de R$ 100 mil; que a política da empresa seja dividir esse resultado entre acionistas e colaboradores na fração de 50% cada; o fator de cálculo apresentado acima; e que não haja outros colaboradores, a conta seria:

Acionistas: bônus de R$ 50 mil.

Você: 10.000 x 100% = (10.000/12.500*) = 80% x 50 mil = bônus de R$ 40 mil.

Outro colaborador: 5.000 x 50% = (2.500/12.500*) = 20% x 50 mil = bônus de R$ 10 mil.

(*12.500 = total dos fatores de todos os colaboradores, que corresponde a 100%. Esse número é dividido pelo fator de cada colaborador a fim de identificar o percentual do bônus que lhe caberia. No seu caso, 80%; no caso do outro colaborador, 20%. Se houver mil colaboradores, então a matriz deverá considerar o fator de todos para calcular o bônus! A sua conta estará certa se a soma do bônus total for igual ao lucro adicional da empresa.)

Mas e se o indivíduo se juntou ao time apenas um dia antes do término de um projeto de 36 meses? Em 24 horas de trabalho, ele provavelmente não teve oportunidade de dar uma contribuição muito significativa, mas nós o queremos motivado para o projeto seguinte, então, havendo distribuição de bônus, ele é contemplado também, mesmo que, em função do baixo percentual de envolvimento com o projeto, o valor acabe sendo quase figurativo. Quem termina o processo de integração e começa efetivamente a trabalhar, ainda que seja um dia antes do encerramento, é bonificado pelo resultado do projeto em que está envolvido.

O bônus será uma fração do valor recebido por outra pessoa, digamos, R$ 50 contra R$ 10 mil, mas simbolicamente isso é muito importante. Quem recebeu R$ 10 mil olha para trás, para a época em que ele próprio recebeu uma bonificação mínima, e enxerga os benefícios de sua trajetória na empresa. O novato, olhando para a frente, enxerga que poderá ter um bônus de mais vulto, e se entusiasma com a perspectiva de caminhar conosco. *Win-win.*

Conforme o colaborador vai conquistando posições mais altas, recebe um salário maior, tem acesso a decisões de maior responsabilidade e seu bônus é automaticamente ajustado pelo cálculo do fator. Mas dessa situação perfeitamente razoável deriva um grande desafio, talvez até maior do que a implantação da meritocracia: fazer justiça na ocupação dos cargos – em outras palavras, responder a "Por que ele é o gerente de compras e eu sou só o comprador?".

Onde há iniquidade é impossível exercer liderança, pois cedo ou tarde quem se sente injustiçado deixa de ter cumplicidade, engajamento etc. Suponhamos que o comprador chegue na hora e que o gerente de compras seja impontual. O comprador sente que se dedica mais e confronta o empregador. Se existe uma estratégia transparente e bem comunicada, a conversa é totalmente objetiva: quem falou que a pontualidade é o que importa? Agora, se o compromisso com o relógio é o que está definido na estratégia, o comprador está coberto de razão e tem elementos para cobrar a promoção a gerente. Se não reavaliar a situação à luz desses fatos, este empresário está morto, pois sabota o próprio negócio. Ele plantou que a visão, a missão e os valores são bobagem, e essa é uma semente que o comprador injustiçado vai regar e adubar até que uma grande árvore da infelicidade cresça no meio da empresa.

Aqui, quero retomar Rui Barbosa e lembrar que a igualdade deriva de tratamento desigual dispensado a desiguais. Dar oportunidade a alguém pode nascer de um sentimento genuíno de justiça, e ainda assim levar a um resultado péssimo para a empresa e para o profissional. Um excelente comprador não necessariamente será um bom gerente de compras, assim como, em um cenário de guerra, as três forças armadas têm o mesmo objetivo, mas diferentes papéis: o mais extraordinário almirante provavelmente seria um desastre como marechal-do-ar. Movido pelo desejo de fazer o certo, você desloca um analista, promove-o a gerente, e sem querer comete um duplo homicídio: mata a realização dele e o resultado da empresa. Tratemos de respeitar as diferenças e valorizar as habilidades individuais, dando a todos, na medida de sua desigualdade, oportunidades justas, desafios adequados e o merecido reconhecimento.

Como explicitei no início do capítulo, não sou especialista em liderança. O que expus aqui é apenas o relato da nossa história, de como foi partir de uma empresa imatura, com abundância de garra e escassez de planejamento, para a Iben Engenharia de hoje, onde acredito ter um time que partilha do nosso juízo, respeita a liderança e age na direção da estratégia por entender que isso é bom para todos.

Temos um exército de Mr. Project Money cada vez mais engajado, comprometido e cúmplice de nossos interesses, medos e valores. O PMONEY está amadurecendo e exercendo um papel chave de integração da estratégia com as demais partes interessadas, e a mim tem sobrado mais tempo para refletir sobre objetivos estratégicos e caminhos para promover a transformação digital da empresa que o mercado, as técnicas disruptivas e as novas relações humanas estão nos propondo.

No início, éramos dois irmãos com enorme cumplicidade, depois nos tornamos uma pequena empresa com pouca sintonia, hoje lideramos nossos negócios e nossa equipe sempre movidos pela busca de coerência, camaradagem e histórias de sucesso para nossos clientes. As que conquistamos até aqui que nos enchem de orgulho, motivam nossa constante evolução profissional e indicam o acerto do caminho do amor e do respeito. Veremos no próximo capítulo as armas com que lutamos e a metodologia, baseada nas melhores práticas do PMI, que construímos com nossa comunidade de Mr. Project Money, integrada ao PMONEY empresarial.

CAPÍTULO 3

3

HABILIDADES TÉCNICAS DE GERENCIAMENTO DE PROJETOS

No capítulo anterior, destaquei a importância de alinhar os interesses, medos e valores da equipe com a estratégia empresarial. Citei a missão da Iben, que tem como ponto crucial superar obstáculos com soluções inteligentes, capazes de conectar os objetivos estratégicos com inovação e integridade social. Como diz o slogan, somos uma empresa de tecnologia em gerenciamento e execução de obras. Mas o que é tecnologia?

Mesclando as várias concepções existentes, podemos definir tecnologia como o desenvolvimento e a aplicação de saberes e técnicas para permitir ou aperfeiçoar um trabalho ou a resolução de um problema. Embora a palavra tenha se popularizado na esteira da Revolução Industrial, no século XVIII, o que ela nomeia é muito mais antigo: 2,5 milhões de anos atrás, nossos antepassados produziram o que muitos consideram o primeiro artefato tecnológico: a pedra lascada.

A Idade da Pedra Lascada é o período em que se passa *Lolo Barnabé*, história que li recentemente com meus filhos. Neste livro infantil, os Barnabés moram em uma caverna fria, úmida e sujeita a ataques de animais ferozes. Lolo então constrói uma casa e, não satisfeito, ainda inventa a porta e a fechadura. A cada nova dificuldade, o protagonista cria e põe em prática soluções que melhoram a vida de sua família. Conclusão: toda vez que a humanidade encontra uma barreira, desenvolve uma tecnologia capaz de superá-la. Usamos tecnologia para vencer desafios e facilitar nosso dia a dia, empregando implementos que tornam uma tarefa possível ou mais simples. Trabalhamos em projetos como propulsores de estratégia empresarial, e eles são repletos de desafios. Para superá-los também usamos tecnologia, tal como fez Lolo Barnabé. Indiscutivelmente, a tecnologia aplicada aos projetos é um pilar fundamental para a geração de riquezas através do cumprimento da estratégia.

Vamos manter em mente essa origem enquanto abordamos as armas que empregamos hoje, em nossas batalhas diárias, subdividindo a tecnologia em dois momentos:

1. As metodologias que desenvolvemos com foco em resultado, para fazer com que o projeto tenha o melhor desempenho econômico possível, e assim cumpra seu papel.
2. As ferramentas propriamente ditas, que põem à prova a eficiência metodológica.

Não há como falar de metodologia de gestão de projetos sem citar o PMI e as suas diretrizes de melhores práticas, tão bem estruturadas e distribuídas. Tudo que implementamos se baseou em muito estudo e análises cuidadosas da ciência e das informações que o Instituto compartilha por meio de seus guias de portfólio, de programas e de projetos. São as grandes referências literárias que usamos para desenvolver a metodologia na Iben. O PMI oferece muito conteúdo, e é importante conhecer o que está por trás desses elementos, aprofundar-se e entender como se chegou a uma metodologia e por que ela foi construída daquela forma.

Optamos pelo PMI como referência porque identificamos sinergia com a nossa abordagem, extremamente focada em resultado estratégico e sucesso através da gestão de projetos. Um guia teórico que remete constantemente ao interesse do acionista é o ponto de partida crucial para determinar quais as práticas que levarão os projetos ao sucesso, ou levarão o acionista ao lucro.

Entre outras divisões, o PMI tem uma sobre grupos de processos, separados em áreas de conhecimento. Minha visão original sobre esses grupos e áreas é apresentada nos meus dois livros anteriores, respectivamente, *Melancia Atômica* e *Real Estate 3.0*. Aqui, abordarei essas questões sob outra perspectiva, mas de forma complementar ao que já disse antes.

As dez áreas do conhecimento têm estreita relação umas com as outras e com os aspectos estratégicos e operacionais. Afirmamos anteriormente que gerar resultado é a razão estratégica de existência do projeto. Mas existe também a questão operacional: com que esforço eu vou entregar essa estratégia?

Comecemos pelo escopo, que é essencialmente a área do conhecimento que faz a conexão da estratégia com a operação. O escopo de um projeto determina todo o trabalho necessário para entregar aquele projeto, e pode determinar também as especificações do produto[2]. A suprema importância dessa área do conhecimento está no fato de que a definição de escopo é o principal momento que um gerente de projeto tem para refletir sobre os interesses, as ameaças e as questões de honra ligadas àquele projeto, e incluir o resultado dessa reflexão nos elementos que possam transferir essas características para o projeto ou o produto. Conhecendo os objetivos, receios e valores envolvidos, o Mr. Project Money se pergunta: "O que vou inserir nesse escopo que vai potencializar determinado interesse?". Se o interesse for, por exemplo, aumentar a margem de lucro, uma resposta possível no âmbito imobiliário é implementar elementos que reduzam o custo da construção, ou que agreguem valor ao produto sem aumentar o custo, e assim melhorar a margem. As reflexões vão nortear a tomada de decisão quanto à especificação do escopo, e são exatamente esses atributos imputados ao escopo que fazem dele a conexão entre a questão estratégica e a operacional.

Os mercados estão se transformando rapidamente. O imóvel residencial, que antes era *um produto a ser consumido*, começa a ser um *serviço a ser utilizado* por grande parte de uma geração que não se enxerga morando no mesmo local por trinta anos (prazo comum de um financiamento imobiliário). O consumidor está diferente, tornou-se um usuário do imóvel

---

[2] Escopo de projeto e escopo de produto são coisas distintas: na construção de um empreendimento imobiliário, o escopo do projeto tem a ver com atividades relacionadas ao produto, mas também com atividades que não são atributos do produto. Por exemplo, uma atividade de destinação de sobra de material e de resíduos da construção. Outro exemplo, atividades relacionadas à logística daquela execução, como o guincho de obra para fazer o transporte vertical de materiais. Esse guindaste é parte do escopo do projeto, mas não é um atributo do produto. Um atributo do produto seria a especificação da janela, do piso, das portas etc. Portanto, os escopos de projeto e de produto não tratam da mesma coisa.

e não mais simplesmente um proprietário. Atender adequadamente esse público depende de agilidade para interpretar as tendências e os anseios, bem como flexibilidade para revisar a estratégia e transmitir isso aos projetos. De que forma? Através do escopo, é claro.

Se, no momento de definição de escopo, o gerente de projetos não refletir: "Que resultado se espera deste projeto?", "O que eu estou entregando?" e "Isto que eu estou entregando é capaz de gerar o resultado esperado?", não apenas ele não é um Mr. Project Money como não terá outra oportunidade, no futuro, de lidar com essas questões com pouco ou até mesmo nenhum impacto no custo.

A partir do momento em que se sabe qual é o escopo necessário para trazer determinado valor ligado a interesse, honra ou ameaça, ou ainda quando, durante o caminho, se fazem necessários ajustes para revisar o posicionamento estratégico, o passo seguinte é estabelecer o nível de esforço. Prazo, custo e qualidade são as três áreas do conhecimento que melhor representam o esforço que deverá ser empregado na entrega de um escopo para que o projeto seja interessante e faça sentido.

Se o escopo foi definido com antecedência e excelência para gerar o resultado almejado, e se o gerente de projetos entregou a estratégia no prazo combinado, no custo previsto e com os padrões de qualidade esperados, ele entregou a estratégia com o menor esforço possível e foi um verdadeiro Mr. Project Money. Operacionalmente falando, nada mais se espera dele nem do projeto, pois todos os elementos do sucesso operacional foram atingidos.

Seria mais fácil se a estratégia fosse alheia ao mercado. Mas como não é, precisamos ser capazes de equalizar tudo isso, ou corremos o risco de empreender só por amor. Um projeto desatualizado do ponto de vista estratégico poderá entregar sucesso operacional, mas fracassar na comercialização do seu produto e levar o acionista à falência. Da mesma forma como projetos compulsivos por mudanças de escopo e atualizações indiscriminadas de produto levam ao mesmo fim, mas por caminhos diferentes, aumentam demais o esforço: ainda que o produto do projeto tenha grande aderência ao mercado, o custo e o prazo para executá-lo não fizeram sentido. O Mr. Project Money definitivamente não leva uma vida fácil, mas é exatamente aí que mora a oportunidade de ser o propulsor da diferença, de desempenhar resultados incríveis em contextos de superação e com a correta tomada de decisões previamente inesperadas.

Em um projeto em São José do Rio Preto, precisamos desenvolver 312 apartamentos para um público extremamente sensível a essa nova onda de mudanças de consumo no setor imobiliário. No início, a concepção de produto era de apartamentos compactos destinados a jovens estudantes, primeira moradia e terceira idade. Quando percebemos a necessidade de oferecer serviços que gerassem valor para nosso cliente, muita água já havia passado debaixo da ponte, e precisávamos revisar a estratégia e o produto sem comprometer o prazo de lançamento nem o custo de produção. Havia uma janela de mercado: precisávamos lançar em outubro de 2015 por um preço máximo que a renda dessas pessoas comportava, e atrasar o lançamento ou incrementar o preço colocaria em risco a viabilidade do empreendimento.

Tínhamos um belo PMONEY à disposição, que revisou o escopo incrementando diversos atributos, que repaginaram o posicionamento do produto no mercado, dessa forma conquistando o consumidor da maneira que precisávamos. Tivemos 60% de venda no lançamento durante o ápice da crise imobiliária, graças a timing, preço e atributos que atendiam aos desejos aspiracionais do público consumidor. De um lado, estratégia e esforço devidamente alinhados; de outro, resultado, sucesso e lucro como consequência.

Mas como refletir sobre as questões estratégicas de interesse, medo e honra, e com base nisso definir o escopo? Indo diretamente à fonte, ou seja, conversando com os *stakeholders*. Veja no exemplo anterior como o mercado consumidor e seus anseios por serviços foram importantes para determinar os atributos adicionais que faltavam para que o projeto gerasse o lucro esperado pelo acionista.

O gerente de projetos entrevista as partes interessadas para compreender suas necessidades e preocupações, seus interesses e medos, para conhecer os limites a serem estabelecidos. Essas entrevistas são tão importantes que, imediatamente após o termo de abertura, o primeiro processo do *PMI Body of Knowledge*, o *PMBoK*, se chama justamente "identificar as partes interessadas". E não apenas identificar, claro: deve-se também coletar os requisitos e dar-lhes o devido encaminhamento, ou simplesmente conhecê-los e incorporar suas necessidades, desde que sejam legítimas aos interesses do projeto.

Dentre os *stakeholders*, além do cliente consumidor do produto, serviço ou resultado do projeto, é preciso dar especial atenção ao patrocinador, que é quem está de olho no benefício, seja econômico ou de proteção da empresa. O *sponsor* é a parte interessada que tem os principais elementos e requisitos para as especificações de premissas de negócio, é ele quem diz se faz ou não faz sentido empreender, que define o prazo em que o projeto precisa acontecer, a ordem de investimento a ser feita, que qualifica a questão estratégica (determinando se o objetivo é, por exemplo, redefinir atributos do produto ou aumentar o faturamento) e quantifica o resultado a ser buscado. O patrocinador e as pessoas identificadas por meio dele são *stakeholders* que podem agregar especificidades na questão dos benefícios a serem entregues e nos esforços a serem implementados, e por isso estão em um nível de processo que é a ponte entre o estratégico e o operacional. Após reunir esses elementos, o Mr. Project Money está pronto para definir o escopo do projeto.

Como Mr. Project Money, podemos enxergar os *stakeholders* como um técnico olha para o entorno durante uma partida de futebol. Temos de conhecer nosso time e os adversários antes de jogar o jogo, saber quem é a torcida, o juiz etc. O Mr. Project Money entra em campo para ganhar, entregar resultado excepcional, e para atingir esse nível de desempenho precisa fazer a lição de casa, conhecendo a fundo os *stakeholders* e assim evitar se surpreender com eles no meio da partida e comprometer sua estratégia.

Essas cinco áreas do conhecimento (escopo, *stakeholder*, prazo, custo e qualidade) são essencialmente as que estabelecem a questão de sucesso do projeto, seja do ponto de vista estratégico, seja do operacional. As perguntas que geralmente vêm depois disso são: então por que o PMI trabalha com dez áreas do conhecimento? Por que precisamos de mais cinco, se as primeiras cinco bastam? Porque são complementos indispensáveis e intimamente relacionados a escopo, prazo, custo e qualidade.

A área de aquisições define o modo como serão feitas as contratações para a execução do projeto. A área de recursos estabelece a quantidade, o tipo e o momento de alocação de recursos no projeto. Conforme já explorei fartamente em outras publicações, aquisições e recursos são as duas áreas que representam o custo, pois, em projeto, a saída de dinheiro se dá por meio de compras e pessoas contratadas. A área do risco está ligada ao que é incerto no ambiente do projeto ou no escopo, ao que poderá acontecer ou não; essa disciplina previne que o projeto sofra desvios no meio do caminho e que o Mr. Project Money seja pego desacautelado por uma situação que não é fato, mas que pode ocorrer. A área de comunicação também é fundamental, porque faz a conexão de todas as informações geradas pelo projeto, cuida do armazenamento e da distribuição, para que a equipe de projeto e demais *stakeholders* consigam interagir para benefício comum. A área de integração, por fim, representa a forma como as outras nove estão relacionadas e cuida do processo de gestão de mudança, que é o momento da verdade em que se verifica quanto uma única área do conhecimento é capaz de interferir nas demais.

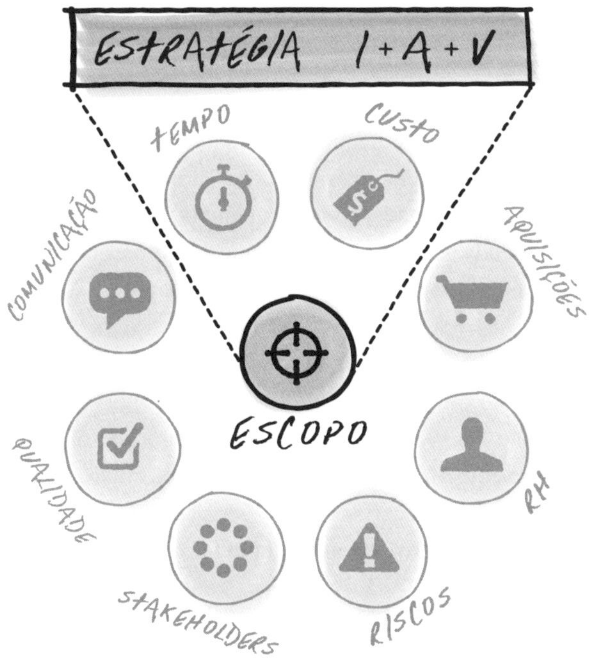

Por exemplo: um pequeno ajuste no escopo impacta a comunicação, pois é uma informação que foi gerada e precisa ser coletada, armazenada e distribuída; impacta os *stakeholders*, pois pode afetar o interesse de alguma parte ou até ser fruto de uma demanda do próprio patrocinador; impacta prazo, pois prazo não é só data de entrega: como área do conhecimento, prazo tem a ver com atividades e sequenciamento, com a ordem de realização das atividades; impacta custo, pois qualquer ajuste provoca reflexos nessa área; impacta qualidade, pois o novo elemento possivelmente tem um atributo qualitativo relacionado; impacta o risco, pois houve mudança de cenário, e qualquer mudança de cenário pode trazer um fato novo, uma incerteza; impacta recursos, pois novas tarefas dependem de recursos humanos para serem executadas; e impacta aquisições, pois talvez seja necessário desenvolver novos fornecedores ou estabelecer uma repactuação com os já contratados.

Esse resumo apenas recapitula a interligação das dez áreas de conhecimento. Uma versão abrangente é apresentada no *Real Estate 3.0* e no *Melancia Atômica*. Nosso foco, agora, é destacar de que forma essas áreas do conhecimento se relacionam com as questões estratégicas e operacionais; reforçar que o escopo é o elemento que conecta a estratégia e a operação; que prazo, custo e qualidade são os três pilares do sucesso operacional; e que o sucesso global do projeto depende de uma visão ampla dessa correlação, capaz de potencializar cada um desses elementos. Como consequência dessa visão ampla nasceu nossa metodologia de gestão de projetos focada em resultados, com abrangência de todos os elementos da engrenagem, baseada nas dez áreas do conhecimento e em outros atributos que sensibilizam o desempenho de um projeto durante a sua execução.

Ainda em relação à metodologia no que tange à referência do *PMBoK*, como já defendi no *Melancia Atômica*, os cinco grupos de processo que o PMI propõe são, na verdade, seis, sendo que o primeiro (iniciação) e o último (encerramento) funcionam na prática como marcos. Iniciou, está iniciado. Encerrou, está encerrado.

Os outros quatro (planejamento, execução, monitoramento, controle) não são marcos, são ciclos, e acontecem de acordo com as necessidades do projeto, repetindo-se toda vez que o escopo é revisado, especialmente por questões estratégicas que demandam reanálise desse escopo. Isso significa que, iniciado do projeto, começam os planos para executá-lo. Em algum ponto – com os planos já prontos, ou com a maioria pronta ou em andamento –, começa a execução, e têm início o monitoramento e o controle. No momento em que algo muda, se um fato novo ocorre, temos de revisar o escopo, dessa revisão surge a necessidade de repassar o planejamento e reavaliar a execução, o que por sua vez muda as questões de monitoramento e de controle.

O modo como esses grupos de processo se comportam ao longo do ciclo de vida dos projetos é exemplificado em gráficos detalhados no *PMBoK*, mas em resumo o que podemos afirmar é que existe uma grande variação, de acordo com a natureza do projeto. Alguns remetem frequentemente ao planejamento, a toda hora surgem questões de alinhamento estratégico que exigem revisão do escopo, ou desponta um elemento novo que nos aproxima da estratégia etc. Projetos pouco complexos também podem requerer revisões periódicas, mas elas se aplicam com particular intensidade a projetos especialmente complexos, como os de inovação, em que se começa sem conhecer o caminho que será percorrido. Sabe-se qual é o benefício a ser gerado, porém, conforme o projeto vai sendo executado, descobre-se a necessidade de ajustes de tarefas do escopo para se chegar a ele. O replanejamento, o acesso a outras instâncias do processo, é necessário para fazer com que o projeto evolua.

Como já disse Sun-Tzu acerca desse necessário jogo de cintura diante de cenários mais elaborados: "Pode haver considerável abismo entre a teoria e a prática. Imaginamos os mais belos estratagemas quando estamos tranquilos em nosso gabinete e só fazemos a guerra na imaginação. Tudo muda quando estamos no terreno". As guerras empresariais de hoje vêm se mostrando mais dinâmicas e acertar em cheio o consumidor tem sido um desafio cada vez maior. Em outras palavras: os projetos atuais estão mais complexos que os de outra época, e os ajustes de escopo têm se tornado cada vez mais importantes, como no citado exemplo do empreendimento em Rio Preto. Se não prevíssemos alguns novos atributos ao produto, como a lavanderia coletiva, *home office* e *concierge*, entre outros, o projeto poderia ter sido um fracasso do ponto de vista estratégico, e esse ajuste trouxe complexidade para a gestão operacional de prazo, custo e qualidade.

O que quero lançar aqui é um novo olhar para a questão metodológica: os grupos de processo induzem o entusiasta em gestão de projeto, em especial o que está em início de carreira, a interpretar aquilo como fase. Esse jovem profissional analisa o planejamento e pensa: "Estou na fase tal". Só que, na verdade, esses quatro grupos de processo são cíclicos, então planejar, executar, monitorar e controlar *não* são fases. Buscar ajustes que gerem maior ganho é não só legítimo e desejável como obrigatório nos tempos em que vivemos, então esses grupos não devem ser encarados como momentos, mas como *elementos* ou *instâncias de gestão* necessários para se entregar resultado. O PMONEY deve então prever uma abordagem metodológica cada vez mais ágil, ser flexível para implementar mudanças e estar alinhado aos interesses para gerar resultado, lucro, sucesso e prosperidade empresarial.

O que às vezes causa um pouco de confusão é a forma de demandar isso na prática. O melhor escopo no menor prazo, no menor custo, com qualidade e alinhado às estratégias de negócio: ora planejando, ora executando, ora monitorando, ora controlando, e com excelência em todas as instâncias. Como fazer com que a equipe entregue resultado todos os dias?

Estudando a combinação desse universo de áreas como mecanismos de segmentação do conhecimento e da necessidade do negócio, sendo o escopo o transmissor de estratégia, o prazo responsável pela entrega no tempo certo, o custo como mecanismo de controle e gestão do investimento e a qualidade como aferição da conformidade dos requisitos – considerando tudo isso, o que observamos: toda vez que se define ou redefine o escopo do projeto, é como se você estalasse um chicote, gerando uma onda com formato de S.

Uma forma de analisar essa onda é lembrar a tradicional Curva S, definida como a representação gráfica de um cronograma saudável. O leitor já deve ter ouvido falar que, quando se faz um gráfico da evolução do projeto na linha do tempo, quanto mais o formato dele se aproximar do desenho de um S, mais provável será o cumprimento do prazo. Por quê? Porque estudos de casos reais demonstraram que não adianta fazer um cronograma prevendo entregas lineares de, por exemplo, 10% ao mês e assim completar 100% do projeto em dez meses. Para terminar em dez meses, eu provavelmente teria picos de até 20% ao mês, já que no começo do projeto não se consegue evoluir tanto, os meses passam e em termos percentuais o avanço é discreto; depois vem o período em que se imprime um ritmo maior; mas o final não sustenta essa velocidade, pois sempre se diminui o ritmo na entrega, e disso resulta o formato do S.

A Curva S então é a melhor representação do esforço para se concluir e entregar um projeto e, a cada nova chicotada, essa onda se repete. É por este motivo que as mudanças de escopo são tão nocivas para o resultado operacional: se toda vez o escopo é reformado, então o chicote é novamente estalado e a onda precisa passar pela etapa inicial de ganho de velocidade. A primeira conclusão a que chegamos quanto a esse aspecto, portanto, é que a mudança afetará pelo menos minimamente o prazo, e consequentemente também o custo e, por isso, deve ser usada com moderação.

O período seguinte, o da primeira perna do S, que vai do início do projeto (ou da revisão do escopo do projeto) até a aceleração, é a oportunidade que se tem de tomar todas as providências importantes para garantir o custo. Nossa experiência demonstra que, uma vez ultrapassada a perna mais baixa do S, o esforço que se vier a fazer para controlar o custo será ineficaz, terá um reflexo muito pequeno. Esta é a janela para fazer a especificação fina de escopo, para detalhar ao máximo, para coletar todas as propostas, desenvolver todos os fornecedores, equalizar e garantir que eles estejam especificando a mesma coisa, negociar e efetivamente contratá-los. Este é o momento em que você vai lidar com 99% da demanda de custo. Passada essa oportunidade, não se consegue mais recuperar, nem obter ganhos de custo importantes, então é fundamental concentrar esforços nos processos de contratação ou de especificação ou de negociação neste momento do projeto. O leitor já sabe da importância do custo para o sucesso de qualquer projeto, o ponto é que problemas de custo não se remediam com facilidade após a aceleração, são tumores que se tornam rapidamente malignos se não forem adequadamente tratados no início. A primeira perna do S é a única oportunidade para esse tratamento. Se deixar passar, não me diga que não avisei! Você perdeu a chance de se tornar um Mr. Project Money já no seu primeiro grande desafio.

Em seguida a isso, vem um momento favorável para a alta produtividade, que é o segundo nível do S. Aqui se realiza a maior evolução física do projeto, e essa evolução física depende de alocação de recursos, de priorização de atividades e de atuação sobre impedimentos. Seu foco, então, deve ser garantir que as atividades estejam sequenciadas adequadamente, que você tenha a melhor estratégia de execução, um número suficiente de profissionais, e que disponha dos materiais necessários para produzir naquela velocidade. É crucial também ter uma grande atenção sobre impedimentos e riscos: tudo que ameaçar o projeto de avançar precisa ter uma resposta rápida e certeira. Se você garantiu o custo na etapa anterior, não vai querer comprometer o prazo por falhar em alguma dessas entregas.

Passado esse ciclo, entra-se na fase final, na qual se volta a perder velocidade. Aqui, é necessário tempo. Tempo para programar as entregas, tempo para se certificar de que essas entregas estão acontecendo dentro da qualidade esperada, para conduzir os testes, para fazer o *check-list* e a vistoria sobre o que será entregue e, por último, aceitar essas entregas. Nesse momento também costuma faltar dinheiro para tratar dos problemas, a não ser, é claro, que você seja o Mr. Project Money e tenha feito sua tarefa nas etapas anteriores, reservando tempo e dinheiro para assegurar a qualidade das entregas.

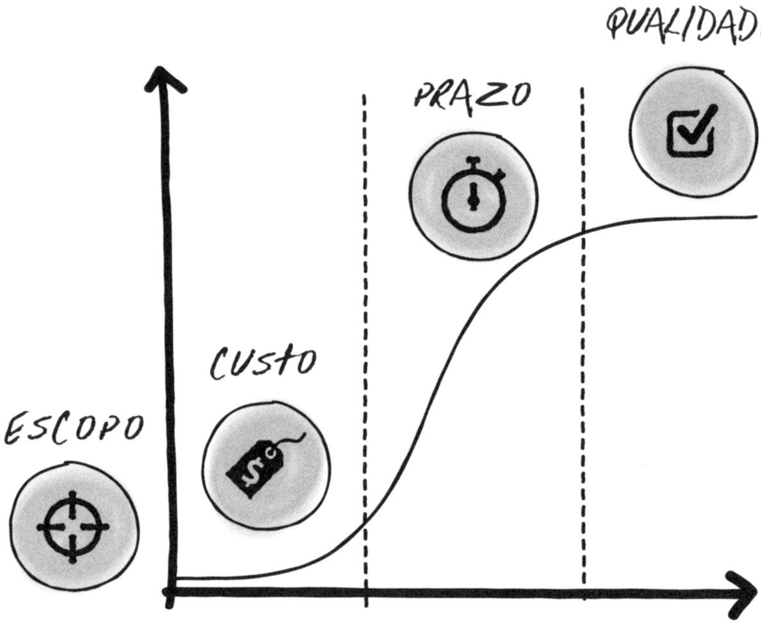

Claro que, com isso, não estamos sugerindo que no primeiro momento o gerente de projetos foque no escopo e desconsidere o resto, pois tudo está relacionado. O que estamos defendendo é que, se você estiver no final do projeto ou de uma *sprint* e quiser remeter ao escopo, estará dando três passos para trás; se estiver no final e quiser revisar custo, serão dois passos para trás; se quiser revisar prazo, recuará um passo – e talvez não haja tempo para isso. Aplicando o mesmo raciocínio de forma inversa, se o escopo for amplamente discutido e definido no início do projeto ou das *sprints*, se as providências para assegurar o melhor custo forem tomadas no momento seguinte, se as equipes e recursos alocados garantirem a produtividade, então no terceiro e último estágio não será problema garantir a qualidade, com tempo e dinheiro pra isso.

Uma vez que as principais áreas responsáveis pelo sucesso de um projeto são escopo, custo, prazo e qualidade; e uma vez que essa ordem não é casual, e sim reflexo do que deve ser tratado com prioridade, em seguida, depois e por último; então, por consequência, a excelência de atuação do GP está em ter esse foco durante a condução do projeto.

Um GP experimentado, um Mr. Project Money, ao embarcar em um projeto, reflete sobre interesses, ameaças, questões de honra e escopo, e já olha para o escopo pensando nos desdobramentos, na viabilidade econômica, de prazo e de qualidade ligadas ao negócio, até para poder fazer um juízo de valor, como no exemplo do primeiro capítulo, sobre abertura de franquias versus expansão de lojas versus compra de concorrente. Quando se reflete sobre o escopo de cada uma dessas alternativas, e se começa a avaliar o esforço necessário a cada projeto, pode ocorrer uma revisão da decisão estratégica. Seria o caso se, por exemplo, o detalhamento do projeto revelasse uma necessidade de esforço diferente daquela imaginada no princípio. Um Mr. Project Money sabe que, se não for possível estabelecer um escopo factível do ponto de vista do esforço e também do ponto de vista de estratégia de negócio, o projeto pode ser considerado inviável.

Esse contexto reforça a contribuição do Triângulo de Talentos do PMI para a formação de um Mr. Project Money. Sem a visão de negócio não é possível coordenar um projeto, ainda que tecnicamente perfeito, em função da constante possibilidade de entrega fora dos limites de viabilidade.

A questão metodológica, na Iben, é inteiramente pautada em prioridade e foco. Quando estamos focados em escopo e em geração de resultado, concentramos toda a nossa atenção nisso. Quando temos segurança de que o escopo está bem definido, que ele é o que precisa ser executado para entregar valor, viramos a chave, damos início ao projeto e tomamos todas as providências para garantir que o custo não ultrapasse o limite, pois sabemos que, passado esse período, acaba a oportunidade de tratar disso, e não haverá como recuperar o custo sem provocar um grande dano no resto. Imediatamente após serem superados os desafios de contratação e de especificação que protegem o custo, vem a questão do prazo, que não pode esperar para ser resolvida: aqui concentramos nossa energia em atingir os níveis necessários de produção, sem impedimentos, com a quantidade adequada de recursos, sabendo que mais tarde será tarde demais. Por último, a questão qualidade, que é diretamente impactada pelas etapas anteriores:

quando tomamos boas decisões, a qualidade se beneficia; do contrário, a qualidade sofre. Quando se deixa tempo suficiente ao final, quando sobra recurso graças à eficiência nas contratações, há recurso financeiro para tratar das questões de qualidade e tempo para fazer isso com calma, e no fim entregar o projeto com sucesso.

Entre um ciclo de prioridade e outro existe um período de transição de foco durante o qual as prioridades convivem, até que se encerrem todas as iniciativas de uma área, enquanto começam as iniciativas na área seguinte. Perder tempo na transição é um pecado que não se pode cometer, em projetos que tenham a ambição de gerar resultados exponenciais ao acionista.

O Mr. Project Money tem então uma receita simples para trazer resultado: usar essa visão teórica para determinar a prioridade e o foco dos projetos de acordo com o ciclo de vida em cada momento. Basta que ele tenha visão das áreas de conhecimento e do reflexo delas no resultado dos projetos; que enxergue quais são as áreas principais ligadas à entrega de resultado e como as outras, complementares, apoiam essas principais; que compreenda o início e o encerramento como marcos e reconheça a característica cíclica dos outros quatro grupos que acontecem entre eles; e que tudo isso gera consequências.

É importante ter clareza de que não se consegue concentrar esforços da equipe em todos os elementos ao mesmo tempo, até porque um bom Mr. Project Money é capaz de entregar mais com menos, e trabalha com uma equipe otimizada. Ele sabe estabelecer prioridades: "Time, qual é a bola da vez, qual é o abacaxi que vamos descascar hoje? E qual é o nosso olhar agora, com que preocupação de futuro vamos fazer isso?".

Ele se organiza para fazer com que os processos ocorram não só por grupo de processo, mas também por área de conhecimento com base no momento do ciclo de vida do projeto, o que resgata a questão da Fórmula S: "Estamos no momento imediatamente anterior ao início do projeto? Então me dá essa área do conhecimento, passa pra cá esse escopo, que eu vou tratar da forma mais ampla possível. Estamos no momento imediatamente seguinte? Então me dá a questão custo que eu vou tratar dela, e das áreas correlacionadas, com esse foco". E assim sucessivamente na questão prazo (que está ligada a recursos, riscos, comunicação) e na questão qualidade.

Então, respondendo ao questionamento que fizemos alguns parágrafos atrás, sobre como liderar um time de modo que ele entregue resultado todos os dias, podemos resumir assim: saber o momento de lidar com cada atributo e transmitir isso para a equipe.

Se você quer fazer projetos que vão trazer altos resultados com baixo esforço, e com isso se tornar um Mr. Project Money, precisa conhecer a correlação entre as áreas e os processos e saber conduzir o time. Se agora é o momento de focar no escopo, e se o complemento do escopo é o *stakeholder*, então vamos extrair todos os requisitos, vamos entrevistar, vamos definir ao máximo esse escopo, porque a oportunidade de fazer isso com excelência é agora.

Virou a chave, o projeto teve início? Foco no custo, nada de ficar olhando para trás, para o escopo que você já definiu. Se você começar a buscar os elementos que não foi possível fechar, a cereja do bolo, você vai comprometer todo o resto. Neste momento, se você não se preocupar em desenvolver fornecedor, fazer contratação, equalizar proposta, você está morto, pois abandonou a questão custo. E mantenha em mente que cada um desses elementos pode sabotar o projeto. Se você descuidou do custo, o fato de ter especificado de forma brilhante e cumprido o prazo com qualidade não vale nada. Basta um vacilo e você não é um Mr. Project Money, só atinge o topo quem consegue trabalhar bem nessas quatro áreas do conhecimento, e para fazer isso é preciso considerar as demais.

Quando você mexe no escopo, você cria uma onda, é como pegar uma corda e agitá-la em frente ao corpo com um movimento do braço ou estalar o chicote mesmo. A corda é o arco e a onda é a flecha: uma vez posta em movimento, não é possível voltar ao ponto de inércia. Depois de impulsionar a corda, ela vai cumprir a onda, não há como frear. Essa é a curva S, e sua íntima ligação com o sucesso vai muito além do mero prazo. Por isso, se você tiver que revisar o escopo, certifique-se de que existe uma questão estratégica essencial nova, ou que o projeto está tendo uma mudança radical de rumo ou pivotando a estratégia, como ocorre especialmente nas *start-ups*.

Uma observação importante: embora não seja possível reter a onda depois que ela foi lançada, algumas vezes é possível retardar esse impulso inicial. Não se pode segurar a onda quando se trata de uma janela de mercado e o projeto precisa acontecer naquela hora. Porém, se o projeto não tem hora marcada e você pode atrasar o início por um período, para olhar com mais carinho para o escopo ou testar hipóteses de produto viável, então vale muito a pena fazer isso. Infelizmente, é raro que o tempo não represente uma ameaça, seja por um aspecto estratégico ou operacional. O mais frequente é que, diante de uma demora, o lucro já não tenha a mesma possibilidade, ou o incremento no faturamento seja prejudicado, ou a concorrência se movimente e engula sua empresa. Note que esse raciocínio não se aplica da mesma forma a *start-ups* disruptivas, uma vez que elas têm a inovação como prioridade, acima de outras questões.

O momento do início pode variar, mas o ciclo de vida é invariável. Se cada coisa não for cuidada no momento certo, algo importante vai se perder. Se você frear tudo para olhar para custo, não cumprirá o prazo; se acelerar demais para buscar o melhor prazo do mundo, a qualidade vai sofrer. Se você postergar demais, por dificuldade de aceitar a qualidade das entregas, o tempo vai passar e o prazo será comprometido, haverá incidência de retrabalho e a equipe ficará alocada por mais tempo, gerando custo... Ou seja: nada mais do que a teoria da mútua restrição das áreas do conhecimento, nossa velha conhecida.

Não procure ser lembrado por entregar mais rápido; também não é mérito entregar mais barato, tampouco entregar com perfeição a qualidade. Seja lembrado pelo acionista por gerar lucro, seja respeitado pela sociedade por transformar a vida das pessoas através dos seus projetos, ou simplesmente priorize o prazo, custo, a qualidade e os *stakeholders*, representados pela execução primorosa e estratégica do escopo do projeto.

O que precisa ficar, de tudo o que falamos sobre metodologia, independentemente do uso de uma abordagem tradicional ou ágil, é a importância de trazer o momento do projeto para o foco de urgência – foco relacionado aos interesses de negócio através do escopo e dos *stakeholders*, e foco relacionado ao emprego de esforço através de prazo, custo e qualidade. Essas áreas têm uma urgência e uma importância diferentes, consoante o momento da onda em que você está. Pessoalmente, vejo nesse encadeamento uma vantagem, até uma fonte de contentamento, porque torna tudo lógico, matemático, sistematizado. Você sabe quando é a hora certa de cada ação e pode concentrar energia na bola da vez sem perder a visão do conjunto. Podemos e devemos pensar e planejar nos envolver com processos de qualidade no início, mas só quando o projeto entra na fase de entrega é que a sua atuação poderá fazer a maior diferença. É claro que, antes, precisa ter sido feita a lição de casa da especificação, mas não adianta querer garantir a qualidade de um produto que ainda não entrou em execução! O máximo que se pode fazer até então é planejar os requisitos e processos de garantia e controle.

Concluímos aqui a explicação de premissas metodológicas importantes que aprendemos ao gerenciar projetos focados em resultado econômico para os acionistas. Essas premissas só saem do papel com ferramentas capazes de pôr a ciência em prática no dia a dia de trabalho do gerente de projetos.

Antes de falar sobre ferramentas, gosto de abordar o tema da instrumentalização. Por definição, trata-se de tornar operacional. A instrumentalização é o fornecimento dos meios para o cumprimento de uma ação como ocorre, por exemplo, em um semáforo. Esse dispositivo, com o qual todos convivemos em nosso dia a dia, é um instrumento que serve para transmitir a informação "siga", "pare" ou "atenção". Essas informações (ou dados) são processadas por uma ferramenta relativamente simples, mas que não seria útil sem a instrumentalização dessas informações sob a forma de luzes e cores. Portanto, o semáforo é fruto da instrumentalização de dados calculados por uma ferramenta que, por meio das cores, é capaz de dizer se você deve parar, prestar atenção ou avançar.

Adoro uma frase que, segundo me foi dito, foi proferida por Valentim Diniz, pai do empresário Abílio Diniz. Segundo relatos, ele teria aconselhado o ainda jovem Abílio sobre ser melhor passar no sinal vermelho tomando cuidado do que passar no verde sem prestar atenção. Essa definitivamente é uma daquelas frases iluminadas, de grande sabedoria, que podemos utilizar aqui para refletir sobre a questão do instrumento e sua função no mundo empresarial, especialmente quando ligado a projetos com alto desempenho. Primeiro, preciso dizer que concordo absolutamente com a afirmação do Sr. Diniz: sem dúvida, é melhor passarmos no sinal vermelho com cuidado do que atravessarmos o sinal verde sem olhar. Não me arrisco a dizer que isso seja verdade no trânsito, mas no mundo dos negócios sim, é uma grande verdade. Inclusive, no *Melancia Atômica*, afirmo que o verde é o sinal mais perigoso que você pode emitir, porque ele induz o receptor da mensagem a um estado de tranquilidade e relaxamento que pode se revelar perigoso. Toda ferramenta é perigosa quando desconhecemos o desafio que fez com que Lolo Barnabé a construísse.

O semáforo tem por objetivos impedir a colisão e organizar o trânsito em cruzamentos, da mesma forma como as ferramentas de gestão de projetos precisam ter por objetivo o cumprimento de uma determinada metodologia. No nosso caso, as ferramentas existem para planejar e controlar os fatores críticos de sucesso do projeto. Independentemente da abordagem ágil ou tradicional, a boa ferramenta é a que permite extrair o melhor da equipe e gerar resultado para o negócio.

O semáforo possui uma ferramenta que determina os intervalos de liberação e suspensão do fluxo de uma via. Ao mesmo tempo em que interrompe a circulação em uma, autoriza em outra. É uma simples ferramenta de cálculo de tempo, e seria inócua se não existisse o instrumento semáforo, que transmite a informação às partes interessadas, pedestres e motoristas.

Ora, se até uma ferramenta de baixa complexidade como esta precisa de um instrumento para ser útil, de que serviriam as elaboradas ferramentas de gestão de projetos, se elas não agregassem um dado ou uma orientação para a equipe? Ou, por outras palavras: de que serve calcular o tempo de liberação de fluxo em uma via se eu não informar isso por meio de um instrumento? Quando se fala de ferramenta, na Iben, sempre vem junto, ou até antes, a questão da instrumentalização.

Existem muitas ferramentas que geram informações riquíssimas e importantíssimas. Membros da equipe se utilizam de diversas técnicas e ferramentas em seu dia a dia em todas as áreas do conhecimento. Porém: de que maneira eu consolido esse universo de técnicas e ferramentas, e instrumentalizo isso? De que forma levo isso como informação para toda uma equipe, já que ninguém realiza sozinho um projeto? E qual a informação de que o Mr. Project Money precisa para obter excelência em escopo, custo, prazo e qualidade, cumprindo assim a missão metodológica da ferramenta?

Quando se está na onda do custo, tem alguém preocupado em desenvolver fornecedor, em especificar – essa pessoa está usando técnicas e ferramentas: ela tem formas de desenvolver, qualificar, classificar e identificar fornecedores, formas de especificar os requisitos de um produto... Isso tudo são técnicas e ferramentas. Ao instrumentalizar isso para os demais membros da equipe, de forma que eles possam ter tanto uma visão do desenrolar desse processo quanto a oportunidade de interferir nele, de contribuir, agregar valor àquela especificação ou àquele desenvolvimento de fornecedor, você está armando sua equipe, potencializando a capacidade dela de trazer resultado pra você! Mais que isso, você estará estruturando um banco de lições aprendidas que servirá de base para o futuro de disrupção tecnológica que se aproxima.

Esse é o papel do PMONEY, que é o PMO que reúne as ferramentas e técnicas, agrega em um todo consolidado e coerente para que seja possível correlacionar os dados, e instrumentaliza para uso coletivo e benefício geral.

Quando trazemos a ferramenta para a gestão à vista, algo que praticamos muito na Iben – seja com o uso de quadros ou quando a trazemos para um *dashboard* em tela de dispositivo eletrônico –, nada mais estamos fazendo do que coleta e distribuição de informação, para que outros *stakeholders* tomem ciência de como o processo está sendo conduzido e tenham a oportunidade de interferir e melhorar o resultado aplicando seu conhecimento metodológico. Estamos fornecendo aos nossos soldados as informações corretas para que utilizem suas melhores armas de combate.

No *Real Estate 3.0*, abordei em profundidade o paradigma entre as técnicas ágeis e tradicionais de gestão aplicadas ao segmento imobiliário, no qual atuo com mais frequência. Nas técnicas ágeis, a gestão à vista é explícita: ela está ali nos quadros de gestão, nos instrumentos que compartilham dados e processos com os demais membros da equipe, porém, tipicamente, os dados são macros e de fácil assimilação sem grandes instrumentalizações. Nas técnicas tradicionais, por outro lado, tem-se um universo extraordinariamente mais profundo, por conta do imenso volume de dados: planilhas com milhares de colunas e linhas e dados muitas vezes subaproveitados. Como se extrai informação relevante de um universo cada vez maior de dados compartilhados? De que maneira a tecnologia pode nos auxiliar a correlacionar esses dados e contribuir com a solução de problemas? Como se consolida isso para instrumentalizar aquilo? Como garantir que a informação seja uma ferramenta de planejamento, de monitoramento ou de controle? Como compartilhar a mensagem de forma a deixar o time todo na mesma página, e propiciar que as pessoas façam um verdadeiro trabalho em equipe?

O desafio está se tornando cada vez mais viável em razão do incremento tecnológico dos últimos anos, é claro, mas especialmente pela maturidade organizacional de processos e ativos de dados, que também são condições fundamentais para o uso de inteligência artificial na gestão projetos. A combinação desses dois fatores (incremento tecnológico e maturidade organizacional) permite sistematizar algoritmos e experimentarmos novos horizontes sem perder a essência de que o que se busca é alavancar interesses e mitigar ameaças. No contexto de armamento técnico, não podemos ignorar que novas práticas advindas da tecnologia estão diretamente ligadas a ambos, seja a premissa "evoluir para sobreviver", seja "evoluir para prosperar". Acredito que podemos aproximar as pessoas através da criação de consenso de interesses e preocupações, consenso esse gerado pelas novas plataformas de informação e gestão, que instrumentalizam, correlacionam e distribuem para cada membro da equipe dados de ferramentas, assim empoderando um exército de Mr. Project Money a favor do seu negócio. Assumindo que todos estejam agindo pelo mesmo interesse, "configurados" com as mesmas preocupações e mesmos limites de honra, tem-se a oportunidade de propor ações que melhorem o resultado.

Se uma ferramenta não comunica de forma clara os dados que estão dentro dela, seu valor é incomparavelmente menor do que aquele de uma ferramenta que pode ser acessada e compreendida por toda uma equipe de projeto. Linguagem compartilhada importa! Ou, como se lê em Gênesis, capítulo 11, versículo 6: "Eles formam um só povo e todos falam a mesma língua. Isso é apenas o começo dos seus empreendimentos. Agora nada os impedirá de fazer o que se propuserem". Como o colaborador traz ferramentas e técnicas de sua própria trajetória, elementos que ele se sente à vontade para usar, o que está em causa é algo particular do universo dele, que só ele compreende. Para dar mais um exemplo do âmbito bíblico, lembremos a Torre de Babel, e a interrupção da construção do projeto quando a equipe parou de falar a mesma língua e se dispersou. Se você não instrumentaliza os dados, se não traduz esse saber singular em um semáforo de compreensão plural, como um indicador simples de prazo ou custo, por exemplo, aquela ferramenta acaba sujeita ao juízo e ao erro de uma única pessoa. Com isso, você fica refém de alguém que no dia seguinte pode não estar mais cuidando do processo ou até ter saído da empresa.

Falando sobre ferramentas ágeis e técnicas tradicionais. Na Iben, algumas ferramentas ágeis que usamos são:

– Scrum, Kanban e Canvas: mundialmente utilizadas em várias outras indústrias, mas de aplicação ainda moderada e às vezes rara em construção civil, em canteiro de obras, escritório e outras situações.

– Outras ferramentas ágeis que desenvolvemos para processo de aquisições: muito útil na primeira onda, de foco em custo. Assim como o Quadro de Gestão de Alocação de Recursos, fundamental também, pois dá agilidade para planejar, comunicar à equipe e identificar os gargalos de produtividade, de forma a permitir rápida atuação em resposta. Muito útil no segundo ciclo da onda, quando se está cuidando de prazo.

Em relação às ferramentas tradicionais, o que a Iben buscou foi torná-las mais ágeis sob o ponto de vista da velocidade de análise dos dados. Focamos em reunir todas as técnicas que consideramos eficientes em gestão de projetos e consolidar em um *dashboard* retroalimentado pelos sistemas tradicionais de gestão. Nosso semáforo é o One-Page Report, que trabalha com seis indicadores matemáticos ligados a prazo, custo, qualidade, produtividade, aquisições/recursos e segurança no trabalho.

Existe uma versão estendida do *PMBoK* para construção civil que destaca a segurança no trabalho como elemento a ser considerado. Nós o incluímos como um apêndice da área de qualidade, pela similaridade nos processos de planejamento e controle.

Esses seis indicadores fornecem uma noção muito rápida e permitem que se faça uma conexão entre as áreas: estou com um problema de custo e ao mesmo tempo há um problema de desempenho de aquisições que explica o desvio. Essa correlação foi discutida do ponto de vista teórico no *Melancia Atômica,* mas de lá para cá passaram-se cinco anos. Hoje, a tecnologia correlaciona os dados por nós, e formula hipóteses interessantes sobre desafios cotidianos de projeto. Como dito no *Melancia*, você não consegue controlar custo ou prazo de um projeto. Custo e prazo você consegue monitorar. O controle você exerce, por exemplo, sobre as aquisições e sobre a alocação de recursos, pois é isso que vai impactar diretamente o custo e o prazo do projeto.

Podemos agora sistematizar esse conhecimento e automatizar o correlacionamento de informações com base em conhecimento humano, construído pelo erro e aprendizado de desbravadores empreendedores que perseguiram lucros e ameaças em seus negócios e deixaram pistas sobre suas regras de atuação, além de brilhantes acadêmicos alinhados ao universo corporativo, como o mestre Jim Collins, a quem sempre gosto de citar em meus livros.

Como vimos, percebe-se que as novas tecnologias combinadas à abordagem metodológica são os ingredientes para o uso de inteligência artificial em projetos. Em *Real Estate 3.0* expliquei que, dentre as características das 10 áreas do conhecimento, que aqui apresento como peça chave para a estruturação do correlacionamento de dados, está o fato de que algumas são mais bem representadas por números, enquanto outras, nem tanto. A gestão de projetos é uma ciência humana e exata ao mesmo tempo, o que torna um pouco mais desafiadora a lógica de correlacionamento de dados. O que simplifica é a referência metodológica, que já correlaciona as áreas de conhecimento ao sucesso estratégico e operacional dos projetos, e ajuda no desenho de uma estrutura de dados automatizada focada, no nosso caso, no princípio que explicamos neste livro: o PMONEY.

Um bom *dashboard* é sempre uma das principais entregas do PMONEY para a empresa, serve para instrumentalizar os dados apresentando indicadores de fatores críticos, tornando clara e objetiva, para todos, a cultura de gestão de projetos e de interpretação de informações com base metodológica.

Assim como a estratégia precisa ficar clara, a operação também precisa. E sem instrumentos, a operação nunca é clara. Se você buscar entender o desempenho de prazo ou custo de um projeto por meio do depoimento de uma pessoa, você vai cair no mesmo problema que meu irmão e eu tivemos, lá atrás, para definir aonde queríamos chegar.

A resposta do seu interlocutor será necessariamente inexata. Nenhum discurso, nenhuma narrativa sobre prazo ou custo de uma obra, vai ser precisa como um índice matemático que informe, por exemplo, um avanço de 3,79% ou uma economia de 2,14%. O texto, seja falado ou escrito, não proporciona nem o engajamento nem a confiabilidade necessários para que todos confiem naquela informação e trabalhem em consonância com ela. Questões como prazo e custo dependem de *feedback* matemático para colocar as pessoas na mesma página.

"Temos um problema de custo, precisamos atuar sobre compras, estamos no momento tal do projeto, a hora é agora" – ou, se a hora não é mais agora, é o percentual que vai informar o tamanho do estrago. E muitas vezes não se trata nem de um grande estrago, é que todo estrago, em custo, é um estrago e, para o Mr. Project Money, qualquer coisa abaixo de 100% é ruim, uma mancha em sua história profissional. Ele quer economizar, entregar mais rápido, com qualidade e cumprindo a estratégia, porque é isso que vai fazer dele o camisa 10, o profissional que não tem preço.

O One-Page Report, nosso *dashboard*, além dos seis indicadores matemáticos citados antes, tem uma área de gestão de complexidade, que foi especialmente desenvolvida para tratar de três assuntos menos matemáticos, mas de grande importância para o sucesso do projeto: impedimentos, riscos e mudanças. É uma ferramenta que documenta todas as ocorrências do projeto, estabelece as causas raízes, determina o efeito e/ou consequência, indica o responsável por tratar da situação e em que prazo, e qual a solução esperada. Desenvolvemos uma estruturação de dados para armazenar informações estratégicas da empresa, criando um banco de lições aprendidas composto por um universo de números que explicam o projeto, combinado com um universo de informações que complementam esse mesmo papel: uma condição essencial para se desenvolver um universo de gestão do conhecimento.

Toda ocorrência está ligada a uma causa, relacionada a um momento do projeto: aconteceu em que período da onda? Qual era a fotografia do projeto naquele momento? Ele estava com problema de prazo, de custo? Estava desempenhando 100% suas metas? Em que prazo a ocorrência foi concluída, qual foi a solução real empregada, qual o impacto da ocorrência no projeto? Esse registro sistematizado das lições aprendidas é um ativo que nos oferece a possibilidade de olhar para o futuro de outra forma. Hoje, não se fala sobre técnicas e ferramentas sem abordar também as técnicas disruptivas que a tecnologia está trazendo para o âmbito de todas as áreas e indústrias.

O termo "tecnologia (ou inovação) disruptiva" descreve a evolução que tenha características de ruptura, ou seja, refere-se a um avanço que rompe os paradigmas estabelecidos para determinado processo, produto, serviço ou modo de produção. Enquanto a tecnologia evolucionária progride paulatinamente, por meio de passos consecutivos de aprimoramento, a tecnologia disruptiva é um salto em distância.

É muito animador acreditar que estamos vivendo este momento e que as possibilidades de gerar resultado exponencial são inéditas. Estamos testemunhando grandes feitos da humanidade. Prédios enormes construídos em semanas nos inspiram a implementar as novas práticas e tecnologias em favor do resultado do negócio. Temos a obrigação de preservar a excelência de gestão mesmo em ambientes novos, caso contrário os projetos perderão seu sentido e os acionistas esvaziarão os investimentos que fomentam nossa fascinante indústria, produtora de riqueza humana. A tecnologia disruptiva reorganiza os conhecimentos já existentes, acrescenta novos saberes e dá ao resultado dessa soma aplicações antes impossíveis.

Aplicações antes impossíveis como, por exemplo, correlacionar dados de uma forma que um ser humano não conseguiria. Estamos falando de inteligência artificial aplicada aos negócios, de processamento inédito de informações, de possibilidades muito significativas para engrandecer a gestão e potencializar o resultado dos projetos. Esse ambiente favorável está disponível para organizações adaptáveis, ágeis e aderentes à estratégia de negócio.

Para que um PMONEY consiga chegar a esse ponto, é condição *sine qua non* que tenha percorrido todas as etapas que abordamos até aqui:

1. Se você não faz uma análise metodológica baseada nas áreas de conhecimento e na relação entre elas;

2. Se você não domina os grupos de processo e/ou não compreende que existe uma linha de raciocínio que os norteia;

3. Se você ignora que a intensidade de cada elemento varia conforme o momento em que o projeto está;

4. Se você tem inúmeras ferramentas para lidar com isso no dia a dia, mas desconsidera que elas precisam ser instrumentalizadas para gerar informação consistente;

5. Se você negligencia que esse universo de informações consistentes

cria bancos de dados que precisam estar organizados e operar segundo uma lógica pré-determinada que permita a correlação posterior; então:

Sua empresa não está pronta para o salto, e pode sofrer uma queda feia caso se arrisque. Porque a inteligência artificial, como toda tecnologia disruptiva, usa nossos ombros como base: ao pular, ela sobe mais alto e chega mais longe do que nós poderíamos, mas seu ponto de partida é sempre a inteligência humana.

A inteligência artificial nada mais é do que a correlação de dados realizada por máquinas de processamento capazes de fazer essas operações de forma diferente do que o ser humano poderia. Mas não adianta ter um grande especialista em IA que não conheça o seu negócio: ela só vai trabalhar a favor da sua estratégia e do seu resultado se, antes, alguém que entende muito da regra de negócio tiver estabelecido as conexões básicas dos elementos. E quais são essas conexões?

Ter a questão metodológica bem definida; entender os elementos chave, que são as cinco primeiras áreas do conhecimento que mencionamos (escopo, *stakeholder*, prazo, custo e qualidade); entender os demais elementos, que são as outras áreas do conhecimento; entender que tudo isso tem pesos diferentes ao longo do ciclo de vida do projeto; entender as técnicas usadas para vencer os desafios (lembrando que a essência de tecnologia é aplicar técnicas e conhecimentos para superar obstáculos); entender a importância da instrumentalização, ou seja, que tudo isso deve ser processado e transformado em informação relevante, ordenada e armazenada, pois só assim ela poderá ser correlacionada para produzir um universo de gestão do conhecimento. Mas, acima de tudo, entender tudo isso sem se esquecer de entregar lucro, proteger contra ameaças e fortalecer valores.

Já no *Melancia Atômica* eu havia abordado esse processo, porém, feito manualmente pelo PMO: pegar uma atividade de escopo, relacionar a consequência dela em todas as demais áreas etc. A novidade, portanto, não é o trabalho em si, e sim o modo de executá-lo à luz das técnicas disruptivas disponíveis hoje. As máquinas se tornam cada vez mais inteligentes, mas o que realmente faz a diferença são as empresas inteligentes, que compreendem como as informações críticas de sucesso do projeto precisam ser estruturadas e correlacionadas e como isso tudo pode ser empacotado como uma lição aprendida aplicável a casos futuros.

Um exemplo simples: uma questão de qualidade ligada à umidade em uma parede. A umidade foi associada a uma determinada causa raiz, ocorreu em um projeto com determinada grandeza econômica, com uma característica de atividades específicas, em determinado momento do ciclo de vida, teve tal solução, que gerou tal resultado e tal impacto, coordenados pelo gestor Fulano de Tal na cidade de São Paulo, etc. Na medida em que se acumulam os registros de informações correlacionadas, o surgimento de situações semelhantes permite à máquina determinar com que nível de assertividade o problema pode ser resolvido por uma solução preexistente específica.

Outras indústrias se beneficiam desse recurso há muitos anos, especialmente o varejo *online*. Porém, sem demérito dos algoritmos que referenciam sugestões, depois que um consumidor compra três livros de suspense, não é tão difícil assim recomendar um quarto título do mesmo gênero. Em gestão de projetos, não basta procurar o *match* entre o que o cliente busca e o que a empresa tem a oferecer. Na nossa realidade, é preciso identificar o problema e entender o projeto, e para entender o projeto você não apenas precisa de muitos elementos: eles também devem estar disponíveis e organizados em uma estrutura adequada de dados para que possam ser relacionados e utilizados. Portanto, para fazer uso dessas tecnologias em gestão de projetos, você depende de uma correlação um pouquinho mais sofisticada, e talvez por isso a maioria dos PMOs ainda não tenha chegado lá.

Quem se interessar em conhecer uma ferramenta de gestão de projetos de engenharia que emprega metodologia baseada no que falamos aqui, instrumentaliza as informações e aplica inteligência artificial na gestão do conhecimento pode procurar pela plataforma IGILE como referência de armamento pesado para a implantação de um PMONEY.

Conclusão

Chegamos ao fim desta jornada esperando ter cumprido os objetivos que nos moveram inicialmente: apresentar os conceitos de PMONEY e de Mrs. ou Mr. Project Money; relatar o vitorioso processo de engajamento conduzido na Iben, propor a aplicação da Curva S em gestão de projetos e demonstrar por que estratégia bem definida e bem comunicada, liderança inspiradora e ética e ferramentas precisas e acessíveis são, hoje, os requisitos mínimos para o sucesso. "É... O *ticket* de entrada nunca foi tão alto", como já dizia a segunda geração de empreendedores, centenas de anos atrás!

O ambiente corporativo raramente se transforma em direção à simplicidade. É inerente à evolução que os desafios empresariais se compliquem em intensidade, se multipliquem em quantidade e se sobreponham no tempo. A velocidade dispara, a previsibilidade despenca, a competição cresce, a margem para erros encolhe. Nada disso é novo. A novidade é, sempre, a forma como superamos esses obstáculos: laminando rocha e criando a pedra lascada? Ensinando máquinas a pensar e criando inteligência artificial? Sim, também, mas isso e semáforos e bancos de dados são apenas instrumentos.

O que faz a diferença, o que sempre fez a diferença, é *quem* desenvolve as ferramentas e quando as utiliza, como e para quê: sua intenção, precisão e confiabilidade. Há soldados promissores que perecem por negligência ou teimosia, generais experientes que se deixam levar por atitudes automáticas, sem perceber que as coisas mudam, e soberanos antes admirados que acabam fracassando ao substituir ambição por ganância.

Motivação financeira é legítima, como dissemos no início, mas só um avarento como Tio Patinhas se dá por feliz com o mero acúmulo de moedas de ouro. Pessoas com um senso mais elevado de propósito se comprometem também com a transformação da vida de outras pessoas, e agem no sentido de deixar para a sociedade um verdadeiro legado. Admiro em particular as iniciativas de Elie Horn, cujo Instituto Cyrela atua na educação profissionalizante de jovens e adultos e beneficiou, desde a fundação em 2010, mais de 12.000 pessoas; e de Jorge Paulo Lemann, sócio-fundador do grupo 3G Capital, que por meio da Fundação Lemann investe em educação de qualidade em milhares de escolas públicas de todo o país, além de formar lideranças para o Brasil do futuro. No âmbito internacional, a Fundação Bill e Melinda Gates, que financia pesquisas sobre a AIDS e fontes sustentáveis de energia, tem a minha especial admiração. Esses grandes líderes inspiram a Iben em suas ações sociais e, muito humildemente, esperamos que este trabalho também inspire nossos leitores.

Somos seres temporários, mas essa transitoriedade não nos desobriga de olhar para o outro. O mundo passa por nós todos os dias enquanto nós só passamos pelo mundo uma vez, como diz a canção. Mais um motivo para honrarmos, sempre, cada instante da vida que nos foi dada.

AGRADECIMENTOS

MEU RECONHECIMENTO AOS COMPANHEIROS DE JORNADA

Agradeço a Deus, que me presenteou com a vida e com muitas oportunidades de aprendizado, que busco compartilhar em meus livros, artigos e palestras.

Procuro ensinar e diariamente aprendo com aqueles que me acompanham em meu caminho, em especial minha família e a equipe da Iben Engenharia e da Maná Incorporações. Peço licença ao leitor para nomeá-los individualmente e para agradecer a cada um por acreditar nos objetivos empresariais e me ajudar a criar o nosso PMONEY, que serve de exemplo e referência principal para todo o conteúdo desta obra: Amanda Beatriz de Almeida, Amanda de Souza Feitosa, Andreza Juventino da Silva, Bruna Parra Vieira Peregrino, Bruno Caetano dos Santos, Carlos Eduardo Ferraz, Claudinei Pelegrini, Diego Margossian, Ellis Militão Elias, Evaldo Dantas Rosa, Fabiano César Trento, Isabele Fernanda Real Sadocco, Isadora Magalhães, Jéssica Barbieri Rezende, José Montevechi, Juliana Lorenço, Kelly Laura dos Santos, Letícia Marton Eleutério Germano, Lucinéia de Sousa, Marcelo Leal Soares, Paulo Henrique Sousa da Rosa, Robson dos Santos Meira, Rodrigo Militão Elias, Sandy Belmonte Garcez, Silmara Nunes da Silva, Tatiana Ricófica Jardim, Thiago Orbach, Vanessa Santos Oliveira e Weber Antonio de Lima.

Devo um agradecimento especial ao meu amigo Capitão Antonio Henrique Duarte, Adjunto na Governança do Portfólio do Exército (AGP), por ter intermediado nosso convite ao General Neiva. Ao próprio General Neiva, nosso mais vivo reconhecimento pelo Prefácio, que tanto nos honra.

Ao designer Marco Almeida, e ao ilustrador Silvio Luis Fancio e à Mariana Ferreira Picchi, do Fancio Design Studio, meus sinceros agradecimentos pelo carinho com cada detalhe. A dedicação de vocês tornou esta obra marcante e atraente. O leitor chegou até aqui graças ao trabalho de Karla Lima como escritora talentosa, capaz de desenvolver uma narrativa de forma fluida e brilhante.

Minha profunda gratidão a Marina, querida e amada mulher com quem me casei e escolhi dividir a vida e ter meus filhos. A Cecília e Carlos Eduardo, meus filhos, que me inspiram a lutar por um mundo melhor no futuro. A meus pais e a meu irmão Rodrigo, com quem literalmente dei os primeiros passos, e de quem espero estar perto até os últimos.

GLOSSÁRIO

ALGUNS TERMOS FUNDAMENTAIS

ÁREAS DO CONHECIMENTO: Referem-se aos campos de especialização comumente empregados em gestão de projetos. Uma área ou campo do conhecimento é um conjunto de processos associado a um tópico específico da gestão de projetos. Embora existam projetos cujas necessidades particulares demandem áreas do conhecimento adicionais, as dez áreas do conhecimento citadas neste livro são usadas na maioria dos projetos, na maioria das vezes.

GRUPOS DE PROCESSO: São os que estabelecem o escopo total do esforço, definem e refinam objetivos e estabelecem o curso de ação necessário ao cumprimento desses objetivos.

MERITOCRACIA: Termo cunhado para formalizar um vínculo direto entre mérito e poder. Apesar das interpretações desfavoráveis que periodicamente recaem sobre ela, empregamos a palavra como princípio que reconhece e premia indivíduos conforme a contribuição que seu desempenho oferece para o negócio, em desconsideração a fatores como origem, etnia e outros.

MRS. OU MR. PROJECT MONEY: Profissional de gerenciamento de projetos comprometido com o resultado esperado dos projetos, e consciente da estratégia. O Mr. Project Money se diferencia do gerente de projetos focado em entregar escopo: ele é um profissional engajado com os interesses, ameaças e valores empresariais, que por meritocracia deve ser envolvido nesses mesmos interesses, ameaças e valores empresariais.

PMI: O Project Management Institute foi fundado em 1969 nos Estados Unidos e está presente, hoje, em praticamente todos os países do mundo. É uma das maiores associações para profissionais de gerenciamento de projetos, com cerca de 700 mil membros.
Em seu trabalho pelo desenvolvimento da ciência e em favor da profissionalização da atividade, o PMI conduz pesquisas, oferece cursos e certificações, publica obras de referência, fomenta iniciativas, estabelece parâmetros de boas práticas e concede prêmios reconhecidos internacionalmente.
Saiba mais em: https://brasil.pmi.org/

PMO: O escritório de gerenciamento de projetos é a entidade (área, setor ou departamento da empresa) que detém os ativos de processos organizacionais e que estabelece procedimentos e metodologias para a gestão de projetos. O PMO pode ser também um organismo externo, suportado por uma empresa terceira especializada.

PMONEY: É o Project Management Officer focado em resultado econômico e estratégico, que conduz pessoas e processos não só com o objetivo de gerar lucro para a empresa, mas também de perpetuá-la no mercado engrandecendo sua marca. O PMONEY coordena os processos e as atividades em torno de um projeto de forma a garantir que a relação entre esforço e benefício seja adequada. É responsável pelo alinhamento estratégico com todos os *stakeholders*, por comunicar os interesses, medos e as questões de honra, e por priorizar as missões diárias que trarão conquistas, fortalecerão as bases e acumularão riquezas.

SUCESSO ESTRATÉGICO: Projeto que termina no prazo, não tem problema de qualidade, fica dentro do orçamento e atende às necessidades estratégicas de quem nos contratou.

SUCESSO OPERACIONAL: Projeto que termina no prazo, não tem problema de qualidade e fica dentro do orçamento.

BIBLIOGRAFIA

OBRAS CITADAS E SUGERIDAS

50 DISCURSOS QUE MUDARAM O MUNDO
Vários autores
L&PM

A ARTE DA GUERRA
SUN TZU
Obra em domínio público, disponível em vários catálogos comerciais e também *online*, gratuitamente.

A GUIDE TO THE PROJECT MANAGEMENT BODY OF KNOWLEDGE
PMBOK® Guide - Sixth Edition
Project Management Institute

A STARTUP ENXUTA
Eric Ries
Casa da Palavra

EMPRESAS FEITAS PARA VENCER
- POR QUE ALGUMAS EMPRESAS ALCANÇAM A EXCELÊNCIA... E OUTRAS NÃO.
Jim Collins
Alta Books

LOLO BARNABÉ
Eva Furnari
Moderna Editora

MARKETING 3.0 - AS FORÇAS QUE ESTÃO DEFININDO O NOVO MARKETING CENTRADO NO SER HUMANO
Philip Kotler
Elsevier Academic

ORAÇÃO AOS MOÇOS
Rui Barbosa
Edições Casa de Rui Barbosa

SONHO GRANDE - COMO JORGE PAULO LEMANN, MARCEL TELLES E BETO SICUPIRA REVOLUCIONARAM O CAPITALISMO BRASILEIRO E CONQUISTARAM O MUNDO
Cristiane Correa
Editora Primeira Pessoa

THE RISE OF THE MERITOCRACY
Michael Young
Transaction Publishers

THE STANDARD FOR PORTFOLIO MANAGEMENT
Third Edition
Project Management Institute

THE STANDARD FOR PROGRAM MANAGEMENT
Third Edition
Project Management Institute

CONTROLE DE PROJETOS COM MÉTRICAS - NÃO DEIXE QUE SEU PROJETO VIRE UMA MELANCIA ATÔMICA
Eduardo Militão Elias
Brasport

REAL ESTATE 3.0 - AS BOAS PRÁTICAS DE GESTÃO DO PMI® E OUTROS SEGREDOS E ESTRATÉGIAS DA CYRELA, MAUÁ CAPITAL E MRV PARA A GESTÃO DE NEGÓCIOS IMOBILIÁRIOS
Eduardo Militão Elias com Karla Lima

Revisão: Karla Lima
Capa e projeto gráfico: Marco Almeida
Gráficos: Fancio Design Studio

Distribuição exclusiva e-commerce e eventos: Brasport Livros e Multimídia.

Contato do autor: elias.eduardo@ibenengenharia.com.br

Dados Internacionais de Catalogação na Publicação (CIP)
(Câmara Brasileira do Livro, SP, Brasil)

Elias, Eduardo Militão
PMONEY : ganhando dinheiro com projetos através doPMO : estratégia + equipe + ferramentas = resultado /Eduardo Militão Elias, Karla Lima. -- 1. ed. --
Indaiatuba, SP : Ed. dos Autores, 2019.

Bibliografia.
ISBN 978-85-922820-1-1

1. Administração de empresas 2. Administraçãode projetos 3. Empreendedorismo 4. Engenharia civil5. Estratégia 6. Liderança I. Lima, Karla. II. Título.

19-25575 CDD-658.404

Índices para catálogo sistemático:

1. Gestão de projetos : Administração de empresas 658.404

Maria Paula C. Riyuzo - Bibliotecária - CRB-8/7639

Esta obra foi composta pelo designer Marco Almeida em fonte Bebas e Times New Roman, impressa em offsete pela gráfica Bartira sobre Chambril Avena LD Soft 80g em agosto de 2019.